基于创新驱动的潍坊乡村振兴发展研究

周志霞 王昆 ◎ 著

企业管理出版社
ENTERPRISE MANAGEMENT PUBLISHING HOUSE

图书在版编目（CIP）数据

基于创新驱动的潍坊乡村振兴发展研究 / 周志霞，王昆著. -- 北京：企业管理出版社，2024.3
ISBN 978-7-5164-3013-2

Ⅰ.①基… Ⅱ.①周… ②王… Ⅲ.①农村—社会主义建设—研究—潍坊 Ⅳ.① F327.523

中国国家版本馆 CIP 数据核字（2023）第 244105 号

书　　名：	基于创新驱动的潍坊乡村振兴发展研究
书　　号：	ISBN 978-7-5164-3013-2
作　　者：	周志霞　王昆
选题策划：	周灵均
责任编辑：	张羿　周灵均
出版发行：	企业管理出版社
经　　销：	新华书店
地　　址：	北京市海淀区紫竹院南路 17 号　　邮编：100048
网　　址：	http://www.emph.cn　　电子信箱：2508978735@qq.com
电　　话：	编辑部　（010）68456991　　发行部（010）68701816
印　　刷：	北京厚诚则铭印刷科技有限公司
版　　次：	2024 年 3 月第 1 版
印　　次：	2024 年 3 月第 1 次印刷
开　　本：	710mm×1000mm　　1/16
印　　张：	12
字　　数：	150 千字
定　　价：	65.00 元

版权所有　翻印必究·印装有误　负责调换

基金项目

本文获国家科技部创新型城市改革政策项目2018（基于政策导向的创新型城市建设"潍坊模式"研究）、2022年度山东省外事研究与发展智库课题（No.202249: 对接RCEP推动山东与日韩重点产业领域耦合发展研究）、2022年度潍坊市软科学计划项目（No.2022RKX145: 科技创新支撑潍坊市经济社会高质量发展研究）、2023年度山东省教育系统政府公派出国留学项目资助。

前 言

创新是历史进步的动力,经济增长的源泉,时代发展的关键。贯彻新发展理念,培育壮大新动能,促进新旧动能接续转换,是以习近平同志为核心的党中央做出的重大部署。我们要推进创新驱动发展战略,以科技创新支撑现代化农业农村建设,进一步统筹潍坊市城乡发展,彻底解决"三农"问题,实现农村社会的全面进步与文明富裕,全面塑造发展新优势。

近年来,潍坊市坚决贯彻落实习近平总书记重要指示批示精神和山东省委、省政府部署要求,把创新提升"三个模式"作为重大政治任务,紧紧围绕"率先实现农业农村现代化"这一总目标,深刻理解把握乡村"五个振兴"的科学内涵,按照乡村振兴"20字"总要求,坚持农业现代化与农村现代化一体设计、一并推进,奋力"在制度机制创新上有突破,在科技创新上有突破,在产业高质量发展上有突破","三农"工作取得新成效,乡村振兴全面起势。

本书系统梳理了创新驱动与经济高质量发展的理论演绎与实践探索,全面探析了以"一县一品"工程打造"优县、优品、优游",赋能潍坊乡村振兴的建设进展与发展路径,深入剖析了"三个模式"的创新发展以及助力打造乡村振兴"潍坊模式"升级版的探索与实践。基于近年来潍坊乡村振兴的一线实践,深度挖掘安丘、昌乐、昌邑、高密、临朐、峡山等地潍坊乡村振兴的典型案例,深入解读其建设举措与经验启示,力求全面、客观地反映潍坊乡村振兴的新进展、新变化。在此基础上，提出融入新发展格局、推动潍坊乡村振兴的建设重点与路径建议，为实现农村社会的全面进步与文明富裕提供实践借鉴与决策参考。

本书的编写，既是对近年来潍坊乡村振兴实践的梳理回顾和阶段性总结，也是对新时代潍坊创新提升"三个模式"、推动乡村全面振兴做出的积极回应，希冀能为山东乃至全国其他地区的乡村振兴工作提供些许启发与借鉴。

周志霞

2023 年 6 月

目 录

第一章　创新驱动与经济高质量发展 …………………………001
第一节　创新驱动战略实施 ………………………………003
第二节　区域创新生态系统 ………………………………010
第三节　区域创新与经济高质量发展 ……………………015

第二章　科技创新支撑潍坊高质量发展的实践探索 …………023
第一节　潍坊国家创新型城市建设实践 …………………025
第二节　创新驱动支撑潍坊高质量发展 …………………031
第三节　科技创新支撑高质量发展的潍坊实践 …………033
第四节　科技创新支撑潍坊高质量发展的路径建议 ……039

第三章　以"一县一品"工程赋能潍坊乡村振兴 ………………047
第一节　农产品品牌与"一县一品"的价值 ……………049
第二节　"一县一品"工程概述 …………………………050
第三节　潍坊"一县一品"工程实施现状 ………………053
第四节　以"一县一品"工程打造"优县、优品、优游"的建议 …… 056

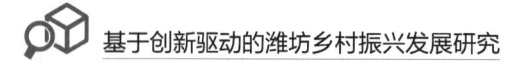

第四章　以"三个模式"建设助推潍坊乡村振兴 …… 059
　　第一节　潍坊国家农业开放发展综合试验区建设实践 …… 061
　　第二节　"三个模式"成为乡村振兴新标杆 …… 072
　　第三节　以"三个模式"提升助推乡村振兴战略实施 …… 076

第五章　潍坊市乡村振兴实践案例 …… 079
　　第一节　安丘市乡村振兴典型案例 …… 081
　　第二节　昌乐县乡村振兴典型案例 …… 095
　　第三节　昌邑市乡村振兴典型案例 …… 106
　　第四节　高密市乡村振兴典型案例 …… 116
　　第五节　临朐县乡村振兴典型案例 …… 126
　　第六节　峡山区乡村振兴典型案例 …… 137

第六章　融入新发展格局，推动潍坊乡村振兴 …… 147
　　第一节　推动潍坊经济社会高质量发展 …… 149
　　第二节　推动潍坊现代农业高质量发展 …… 156
　　第三节　推动潍坊现代农村高质量发展 …… 164

参考文献 …… 173
致　谢 …… 181

第一章　创新驱动与经济高质量发展

第一节　创新驱动战略实施

创新是历史进步的动力，经济增长的源泉，时代发展的关键。当今世界，创新已成为各个国家及地区发展的重点，创新对推动经济社会发展的重要性也越发凸显出来。

一、技术创新与扩散

根据熊彼特（Joseph Alois Schumpeter）（1928，1939）的技术创新理论，当技术创新获得成功后，新技术必然会从创新企业和机构向社会逐步扩散，最终获得广泛使用。库兹涅茨（Kuznets）（1930）首次提出技术变革可能服从一条 S 形曲线[1]，之后曼斯菲尔德（Mansfield）（1961）创造性地将传染原理和 Logistic 生长曲线运用于扩散研究中，提出了著名的 S 形扩散数量模型，由此开创了对技术扩散问题的宏观、定量分析传统[2]，后继学者（Sharif, 1981；Skiadas, 1986；Chatierjee, 1990；Mahajan, 1990；Mary ellen, 1991；Karshenas, 1993）进一步继承和发展了这一模型。

图 1-1 所示为经典的技术扩散曲线，即技术创新的传播过程包含不同阶段（认知、说服、决策、实施与确认），而创新技术的采用者以时间为度量，可归为技术创新者、早期技术采用者、中期大多数采用者、后期大多数采用者、技术采用落后者五类[3]。以时间维度（X 轴）及技术使

---

[1] 陈品. 稻作方式的扩散及影响因素研究 [D]. 扬州：扬州大学，2013.

[2] 许斯珩. 低碳稻作技术的生态经济评价及扩散研究 [D]. 扬州：扬州大学，2015.

[3] 同 [2].

用者维度（Y 轴）为坐标，技术创新的传播过程呈现为明显的 S 形曲线，即是从创新源头（新成果、新发明、新发现、新技术、新知识）向四周（用户、企业、市场）传播与扩散的、相对独立的过程。

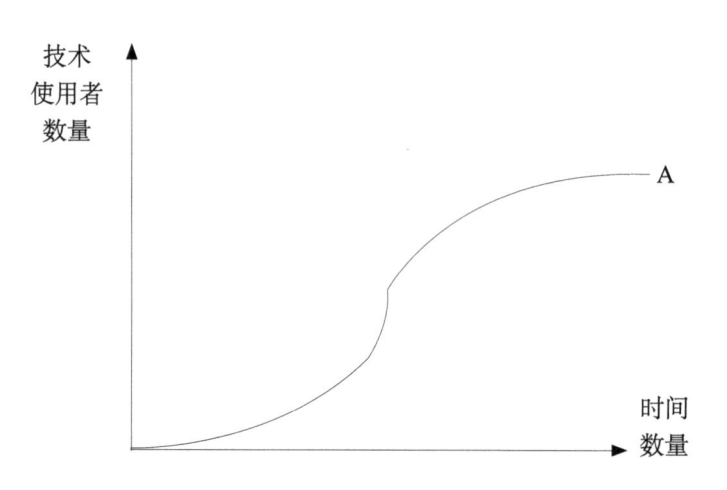

图 1-1　经典的技术扩散曲线

20 世纪 70 年代至今，技术扩散作为一项独立的内容得到了更为深入的研究。代表人物是美国经济学家斯通曼（Stoneman）[1]。国内许多文献研究认同技术扩散机制是由多种机制组成的，这些机制在扩散过程中相互协调，共同发挥作用。如傅家骥（1992）和朱李鸣（1988）对技术扩散机制组成系统的研究，林毅夫（1994）提出的诱致性制度创新概念，张维迎（2004）提出的信息不对称问题，哈维茨（1972）提出的激励相容概念，大大拓宽了对技术扩散机制设计的理论研究。随着研究的不断深入，学者将技术扩散置于所处环境中作为一个系统来研究。张国方等（2002）、郭锋等（2006）、李平（2007）、张然斌等（2007）、王莹（2008）、邓衢文（2010）等学者分别从网络环境、技术服务中心、国际技术扩散、技术需

---

[1] 刘笑明，李同升. 农业技术创新扩散的国际经验及国内趋势 [J]. 经济地理，2006（6）：931-935+996.

求方、生态产业链等角度分析了技术扩散机制对技术扩散的影响和作用[1]。

二、企业创新活动

继熊彼特提出技术创新理论之后，经济学家沃尔什和泽赫菲尔德（R. Rothwell & W. Zegveld，1985）、弗里曼（C. Freeman，1982）等相继构建了熊彼特企业家创新模型Ⅰ和熊彼特企业家创新模型Ⅱ，阐述了企业技术创新在企业内生过程中推动经济长期增长的效应。

在熊彼特企业家创新模型Ⅰ（见图1-2）中，企业家是新技术创新的活动主体，外生的科学与发明通过企业家的开发作用于创新活动[2]，影响市场结构的变化，创新利润或亏损均由企业家承担。

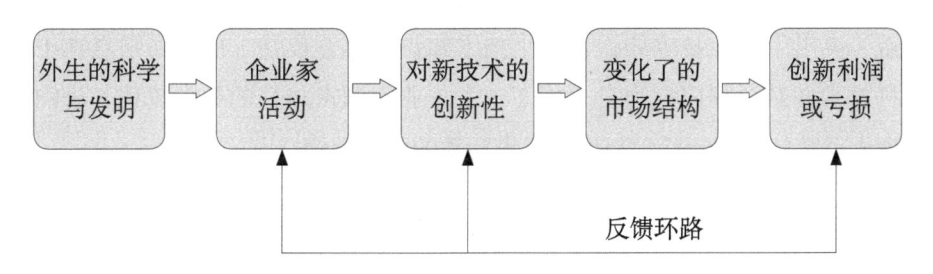

外生的科学与发明 → 企业家活动 → 对新技术的创新性 → 变化了的市场结构 → 创新利润或亏损

反馈环路

图1-2　熊彼特企业家创新模型Ⅰ

在熊彼特企业家创新模型Ⅱ（见图1-3）中，新技术创新的主体被企业内部的研发机构所取代，外生的科学技术通过企业研发活动转化为内生的科学技术，并被投入创新性投资管理过程当中，从而产生了新的生产模式，继而影响到市场结构的变化，而技术创新的利润或亏损反馈到投资管理及企业研发活动中，并最终回馈到外生的科学技术中，周而复始，形成创新的原动力。

---

[1] 曹兴，柴张琦.技术扩散的过程与模型：一个文献综述[J].中南大学学报：社会科学版，2013（4）：14-22.

[2] 陈媞.创新型城市的形成机理及评价指标体系研究[D].武汉：武汉理工大学，2012.

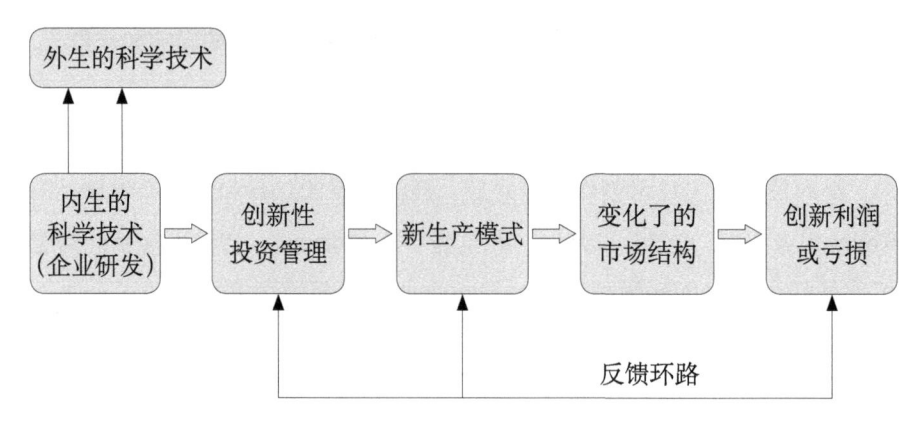

```
    外生的科学技术
         ↑↓
  内生的
  科学技术  →  创新性    →  新生产模式  →  变化了的    →  创新利润
 (企业研发)    投资管理                   市场结构       或亏损
               ↑                                          │
               └──────────────────────────────────────────┘
                              反馈环路
```

图1-3 熊彼特企业家创新模型 II

熊彼特企业家创新模型将供给激励政策作为技术创新政策的制定重点，突出了内生技术知识与外生技术知识的相互反馈，但其局限点在于将技术创新过程限定为自上而下（由企业家到市场）的单向流程，没能深入反映技术创新活动与市场销售活动的双向反馈。

三、创新驱动战略的提出

创新是历史进步的动力，经济增长的源泉，时代发展的关键。党的十八大报告中明确提出"科技创新是提高社会生产力和综合国力的战略支撑，必须摆在国家发展全局的核心位置"，强调要坚持走中国特色自主创新道路，实施创新驱动发展战略。在党的十九大报告中，习近平总书记指出"创新是引领发展的第一动力"，提出要加快建设创新型国家[1]。当前，我国已步入经济高质量增长阶段，区域创新能力提升成为区域竞争优势获取的关键，创新驱动发展更是被提升到区域中长期发展战略之中。

党中央要求我们坚持创新驱动发展，全面塑造发展新优势。坚持创新在我国现代化建设全局中的核心地位，把科技自立自强作为国家发展

---

[1] 张水玲，杨同毅，王仁高，等.高校服务地方存在的问题与对策——以山东省高校为例[J].中国高校科技，2017（12）：66-69.

的战略支撑，面向世界科技前沿、面向经济主战场、面向国家重大需求、面向人民生命健康，深入实施科教兴国战略、人才强国战略、创新驱动发展战略，完善国家创新体系，加快建设科技强国。创新驱动发展战略的具体任务包括以下几项。

一是强化国家战略科技力量。制定科技强国行动纲要，健全社会主义市场经济条件下新型举国体制，打好关键核心技术攻坚战，提高创新链整体效能。加强基础研究，注重原始创新，优化学科布局和研发布局，推进学科交叉融合，完善共性基础技术供给体系。实施一批具有前瞻性、战略性的国家重大科技项目。推进科研院所、高等院校、企业科研力量优化配置和资源共享。布局建设综合性国家科学中心和区域性创新高地，构建国家科研论文和科技信息高端交流平台。[1]

二是提升企业技术创新能力。强化企业创新主体地位，促进各类创新要素向企业集聚。推进产学研深度融合，支持企业牵头组建创新联合体，承担国家重大科技项目。发挥企业家在技术创新中的重要作用。发挥大企业引领支撑作用，支持创新型中小微企业成长为创新重要发源地，加强共性技术平台建设，推动产业链上中下游、大中小企业融通创新。[2]

三是激发人才创新活力。贯彻尊重劳动、尊重知识、尊重人才、尊重创造方针，深化人才发展体制机制改革，全方位培养、引进、用好人才，造就更多国际一流的科技领军人才和创新团队，培养具有国际竞争力的青年科技人才后备军。健全以创新能力、质量、实效、贡献为导向的科技人才评价体系。构建充分体现知识、技术等创新要素价值的收益分配机制。加强创新型、应用型、技能型人才培养。加强基础研究人才培养，构筑集聚国内外优秀人才的科研创新高地。[3]

---

[1] 中共中央关于制定国民经济和社会发展第十四个五年规划和二〇三五年远景目标的建议. 中华人民共和国中央人民政府网站，2020-11-03.

[2] 同 [1].

[3] 同 [2].

四是完善科技创新体制机制。深入推进科技体制改革，完善国家科技治理体系，优化国家科技规划体系和运行机制，推动重点领域项目、基地、人才、资金一体化配置。改进科技项目组织管理方式。完善科技评价机制。扩大科研自主权。加强知识产权保护，大幅提高科技成果转移转化成效。加大研发投入，健全政府投入为主、社会多渠道投入机制。完善金融支持创新体系，促进新技术产业化、规模化应用。[1]

四、潍坊市创新驱动发展战略实施

（一）创新驱动发展战略实施的重点任务

创新驱动发展战略实施的重点任务有以下几项。

一是促进产业布局优化，提升产业核心竞争力。按照全域统筹、突出特色、错位发展的原则，立足各县市区现实基础、资源禀赋和比较优势，明确各地科技领域产业发展功能定位，引领产业快速健康发展。

二是加快重大科技项目实施，推动技术开发与产业化。突出重大科技项目对提升企业研发能力的支撑带动作用，在高端装备领域谋划天瑞重工磁悬浮、盛瑞传动自动变速器、豪迈机械数控机床等重点项目，智能制造领域重点抓好潍柴燃料电池动力系统、迈赫机器人智慧系统等项目，新能源新材料领域重点布局润科化工新型绿色高分子溴系阻燃剂、恒联集团薄型耐高温材料等项目，新一代信息技术领域重点实施歌尔虚拟现实、华光光电子半导体激光器等项目，现代高效农业领域重点突破永盛农业设施蔬菜精准生产、兴旺种业番茄不育系的创制等项目，生物医药领域重点推动兴瑞生物治疗艾滋病的细胞产品、信得科技畜禽基因工程疫苗等项目。

三是完善科技创新平台体系，提升平台引才聚才功能。以争创省级以

---

[1] 中共中央关于制定国民经济和社会发展第十四个五年规划和二〇三五年远景目标的建议.中华人民共和国中央人民政府网站，2020-11-03.

上科技创新平台为抓手,根据中华人民共和国科学技术部(以下简称科技部)、省科学技术厅的规划布局,重点推动潍坊高端装备山东省实验室、SDL国家重点实验室、潍柴国家燃料电池技术创新中心等高端研发平台建设。充分发挥市产业技术研究院的示范带动作用,积极创建省级创新创业共同体和新型研发机构,提升潍坊市创新平台的研发能力和水平。

四是培育高新技术企业,提升企业自主创新能力。深入实施高新技术企业"育苗造林"工程和"小升高"计划,加快构建"初创企业——科技型小微企业——高新技术企业——科技小巨人企业"梯次发展格局。

五是打造特色产业集群,壮大高新技术产业规模。根据全市产业发展实际,超前布局一批新兴未来产业,进一步提升半导体发光创新型产业集群、高端动力装备产业集群等国家级创新型产业集群发展水平,加快推进磁悬浮、新材料、人工智能、高端装备等产业集群发展。

六是加快农业技术创新,推动现代农业高效发展。主要围绕提升现代农业科技发展水平,着力为农业插上科技的翅膀。

(二)强化科技创新能力建设

强化科技创新能力建设主要从以下几个方面着力。

一是加快构建区域创新支撑高地。充分发挥潍坊国家高新技术产业开发区的创新引领带动作用,加快建设中央创新区,打造全市科技创新的样板和高地。进一步完善寿光高新区发展规划,尽快将其创建为国家级高新区,开创一个地市、两个国家级高新区的创新发展新局面。

二是打造专业化科技创新孵化体系。围绕"种子期——初创期——高成长期"企业发展需求,以加速器建设为重点,加快构建"众创空间——孵化器——加速器——产业园"接力式科技孵化链条。集成科技金融、创业辅导、技术转移等资源,推进资本和人才高效结合,打通企业"孵化——培育——产业化"等关键环节,孵化培育一批具有核心竞争力的科技型企业。

三是深化拓展产学研协同创新。聚焦全市重点领域关键共性需求，深化与中国科学院、中国工程院、北京大学、清华大学等国字号大院大所的科技交流与合作，推动"百院千企"创新合作对接活动深入开展，着力破解创新资源匮乏"瓶颈"。

四是畅通科技成果转移转化通道。全面落实国家和省促进科技成果转化的政策措施，加大科技成果培育转化力度，健全科技成果转化收益分配机制，每年转化 50 项重大科技成果，年技术合同交易额达到 80 亿元以上。

五是高质量实施引才引智工程。加大人才引进培育力度，积极组织科技领域高端人才申报国家"万人计划"、泰山产业领军人才等重大系列人才工程，为创新发展提供智力支撑。

六是打造富有活力的科技创新生态环境。加快构建科技创新管理新机制，积极推进科技系统业务工作"流程再造"，简化服务环节，提升服务效率，提高服务质量。健全科技创新投融资机制，不断加大科技投入，为创新发展提供资金保障。完善科技信息服务体系，开发完善相关管理系统，提升科技信息化水平。

第二节 区域创新生态系统

一、区域创新生态系统的理论衍化

学者对创新主体能力提升及创新过程整合规律的研究一直在不同视角上进行拓展，从最初的关注企业间合作、供应链合作、选定合作伙伴、公私合作研发联盟等各种类型的合作及其对价值创造的影响[1]，到

---

[1] Kwak K, Kim W, Park K. Complementary multiplatforms in the growing innovation ecosystem: Evidence from 3D printing technology[J]. Technological Forecasting & Social Change, 2017（8）.

商业生态系统概念的阐释[1]，以及创新生态系统和知识生态系统[2]术语的阐释。

可以从创新理论衍化和生态系统延伸两个方向出发，对区域创新生态系统的本质内涵进行深入阐释（见图1-4）。开放式创新理论在经过衍化后，具备开放性、协同性、自组织及动态性的特征，形成协同创新网络；而生态系统范式在经过生态系统的延伸后，具备相关技术的必然性、连锁反应结构、路径依赖性及行动者网络的特性，形成互补性多平台创新范式[3]。二者融合发展，形成区域创新生态系统。

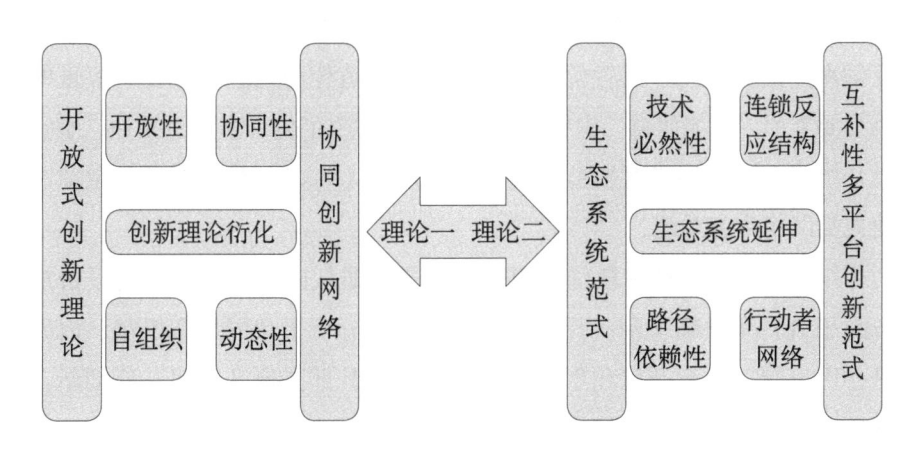

图1-4 区域创新生态系统理论衍化图

二、区域创新生态系统的内涵

学术界对创新生态系统内涵的研究主要集中在以下方面：阿德纳

---

[1] Adner, Ron. Match your innovation strategy to your innovation ecosystem[J]. Harv Bus Rev, 2006, 84（4）: 98-107.

[2] Borgh M V D, Cloodt M, Romme A G L. Value creation by knowledge-based ecosystems: evidence from a field study[J]. R & D Management, 2012, 42（2）: 150-169.

[3] 梁志康. 区域创新生态系统协同研究[D]. 西安：西安理工大学, 2019.

(Adner)(2006,2010)和杰克逊（Jackson）(2011)对创新生态系统概念的阐释，Inoue 和 Kolloch（2018）对生态系统演变的研究，以及国内学者（张笑楠，2016；李昂，2016；蒙大斌，2017）对创新生态系统中创新扶持属性的定义。

创新生态系统的内涵主要包括以下几个方面。

其一，工业生态学观点（IEP）的阐释，即传统的工业活动模式转变为综合的工业生态系统模式，从而在传统制造过程中优化能源、材料和货币网络。

其二，商业生态系统视角（BEP）的阐释，即基于协同演进的视角研究创新的业务环境，并将价值捕获和价值创造作为生态系统创新演进的核心要素[1]。具体而言，主要包括协同演进的数字生态系统、互补（子行业）生态系统、供应商生态系统、商业集团（M&A）生态系统及全球专业人类网络生态系统。

其三，平台管理视角（PMP）的阐释，即从内部平台（公司平台或产品平台）和外部平台（行业平台）的角度分析平台的动态机制，内部平台可以帮助企业开发和生产衍生产品流，外部平台则帮助外部创新者开发互补产品及服务。

三、区域创新生态系统的结构

学术界对创新生态系统结构的研究主要集中在以下方面：Elias G.（2009）对四重螺旋结构创新 3.0 范式的定义，Ricardo（2015）和 Almpanopoulou（2017）对自组织自发展的鲁棒性（Robust）特征的界定，Allen（2018）和 Walrave（2018）对创新生态系统原始框架的系统研究，以及张向先（2016）和王坤（2017）对创新生态系统结构划分的研究。

---

[1] 梁志康. 区域创新生态系统协同研究 [D]. 西安：西安理工大学，2019.

学者构建了相关模型对区域创新生态系统的结构及机制进行阐释，其中区域创新生态系统生态位种群模型较为典型（见图1-5）。该模型基于生态学原理，深入探析区域创新生态系统的协同演化特征，从创新活动参与主体和创新资源支撑环境两个维度出发，以生态位理论对区域创新相关要素进行分析，提炼区域创新因子的生态位种群要素构成。其中，创新环境包括经济环境、政策环境、社会环境和自然环境，创新群体包括知识经济群体、商业经济群体和辅助创新群体，上述群体构成了系统创新的主体层。

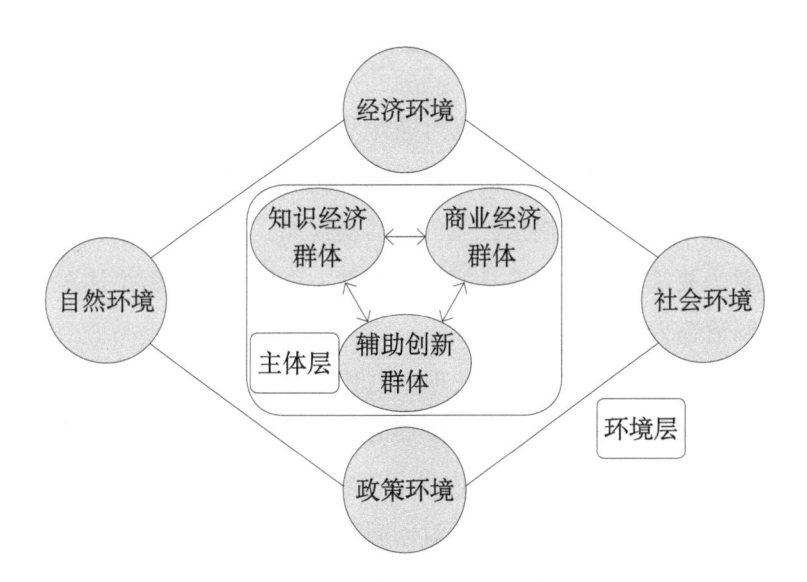

图 1-5 区域创新生态系统生态位种群模型

四、区域创新生态系统的运行与评价

对创新生态系统运行的研究主要集中在以下方面：杨剑钊（2016）对高新技术产业创新生态系统运行机制的界定，包宇航（2017）和陈伟（2017）对创新生态系统演化机制的研究，以及 Nishino（2018）和 Lee（2018）对合作网络和平台参与者的研究。对创新生态系统评价的研究主要集中在以下方面：覃荔荔（2011）从生态位角度对创新生态系统的评价研究，薛军（2015）对城市创新生态系统评价指标的探索研究，以及 Weil（2018）和 Helfat（2018）对动态能力与创新生态系统演变的分析。

区域创新生态系统是一个动态性开发系统，在运行中通常会表现出创新主体之间的共生协同演进以及创新主体与环境之间的耦合协同演进特征，伴随创新个体、创新服务机构等创新要素的自由流动，各要素之间相互作用，实现技术、知识创新与社会形态的深度融合。

五、区域创新生态系统研究现状

近年来，学者对创新主体能力提升及创新过程整合规律的研究一直在不同视角上进行拓展，区域创新生态系统理论在多元创新要素复杂融合的经济背景下，对于揭示区域创新活动规律、提升区域创新效率具有天然优势，更加注重系统自身的可持续性，以及所有创新主体对系统环境的共同营造[1]。

综合学术界相关研究观点发现，创新生态系统理论代表着创新网络管理领域的拓展贡献，由于理论发展时间相对较短，既有研究还有一定的欠缺。例如，创新生态系统内涵研究需要对"创新性"和"生态性"进行综合把握，结构的研究需要对创新因子进行更明确的角色功能边缘界定，等等；同时，相关研究呈现为碎片化、零散化的状态，缺乏综合性和系统性成果。既有研究成果中宏观理论研究占比偏高，对于各地实践探索的理论化概括不足，对典型地区代表性模式路径的研究不够深入，现有成果对特定区域创新发展一线实践的理论借鉴与指导效应不够显著。

---

[1] 梁志康. 区域创新生态系统协同研究 [D]. 西安：西安理工大学，2019.

第三节　区域创新与经济高质量发展

党的十八大以来，习近平总书记高度重视科技创新，紧紧围绕实施创新驱动发展战略、加快推进以科技创新为核心的全面创新，提出了一系列新思想、新论断、新要求，为科技事业发展指明了方向。

一、山东省区域创新的基本现状

（一）山东省区域创新的进展

"十四五"时期，山东省的科技创新进展迅速。科技体制改革取得重要进展[1]，科技创新综合实力全面提升，科技支撑产业转型升级的能力显著增强，支撑"两区一圈一带"发展的创新格局初步形成，科技人才队伍不断壮大，创新创业环境进一步优化，科技和金融结合工作取得重要进展，开放创新格局更加完善。

2022年，山东省科技创新取得重大进展。全省知识产权创造能力稳步提升，发明专利授权量达到48 696件，PCT（《专利合作条约》）国际专利申请量达到3380件；关键核心技术攻关能力增强，组织实施重大科技创新工程项目121项，实施"氢进万家""北斗星动能"2个国家级重大科技示范工程，启动"合成生物""核动未来"等省级科技示范工程。创新平台建设加速推进，首批11家全国重点实验室成功获批，高速列车、燃料电池、盐碱地综合利用3个领域类国家技术创新中心获批建设，总量居全国第2位。新建3家省实验室、22家省重点实验室、31家省技术创新中心，省级创新创业共同体发展到36家，备案省级新型研发机构419家。企业创新主

---

[1] 徐冠华.把自主创新摆在突出位置[J].中国科技产业，2006（3）：21-22.

体地位提升，国家级孵化载体 348 家，居全国第 3 位。入库科技型中小企业 3.5 万家，居全国第 4 位。培育科技领军企业 200 家、科技小巨人企业 600 家，科创板上市企业 21 家。创新人才高地加快隆起，享受国务院政府特殊津贴专家 3510 人、齐鲁首席技师 1952 人、高技能人才 371.9 万人。

山东省加快推动新兴产业扩容倍增、传统产业蝶变升级，"十强产业"高端化、集群化发展态势凸显。实施先进制造业强省行动计划，建设国家先进制造业集群 3 个；实施标志性产业链突破工程，高标准打造 11 条标志性产业链；累计培育省级以上战略性新兴产业集群 32 个。实施"雁阵形"集群和领军企业提升行动，143 个"雁阵形"产业集群总规模 7.3 万亿元，217 家领军企业总规模 2.7 万亿元。

（二）山东省区域创新的短板

我们也清晰地看到，山东省科技创新的综合实力与水平仍滞后于其经济发展的迫切需求，自主创新能力依然是科技创新的发展短板，区域创新资源布局仍不均衡，创新人才特别是高端人才匮乏等问题仍然比较突出，传统产业转型升级压力较大，高新技术产业规模仍需进一步扩大，创新生态环境仍有待进一步完善。

第一，科技创新与产业发展资源和基础不足。山东省科技投入总量仍然不足，政府研发投入占比相对较低，与先进省份相比差距较大。科研任务聚焦产业发展"瓶颈"与重大需求仍然不够，问题和结果导向不足，原始创新能力不足。创新体系整体效能不高，基础研究经费总量与结构呈现"双失衡"状态，企业基础研究投入与产出呈现"双薄弱"状态。

第二，产业生态匮乏，创新环境不够完善。山东省产业整体发展仍处于全球产业链的低中端，难以在试产应用中迭代升级。从总体上看，创新发展缺乏跨区域发展规划，主动布局不足。科技服务业、金融服务业不够完善，仍然存在附加值低、科技含量不高、竞争力较弱等问题。政策引导和服务不够，创新创业氛围有待进一步培育。社会创新创业的文化氛围不浓厚，城镇居民有创业意愿的占比较低，大学应届毕业生的创业比例远低于南方省份。

第三，社会创新创业活力不足。一方面，中小企业创新活力不足，山东省大多数中小企业主要以技术引进和集成创新为主，缺乏拥有自主知识产权的核心技术；另一方面，大企业创新动力不足，规模以上工业行业以资本密集型为主，中间产品、原材料性行业居多，高新技术性、高附加值行业较少，产业链条延伸较长的行业不足。山东省开展研发活动的企业占比较低，建有研发机构的规模以上企业占比较低；企业资金投入主要靠企业自己解决，由于企业创新的经济效益不够显著，限制了创新活动的持续开展。

第四，对外部创新资源利用不足。山东省与国际先进企业的交流合作，特别是与世界500强企业、国外高等院校和科研单位的科技合作，还有很大的提升空间。企业参与全球竞争合作、构建互利共赢创新生态的能力相对不足。对国内外创新资源的利用还有待加强，特别是在理念、标准、规则、服务、设施等方面亟须全方位对接国际、对标国际、融入国际。

第五，顶尖人才和高水平团队缺乏。人才黏性不足，高端人才短缺已经成为提升企业竞争力的"瓶颈"。激发人才创造活力的评价激励机制不健全，优秀青年科技人才也存在供给不足的情况。人才供求的结构性矛盾日益突出，高端创新资源不足，制约了山东省产业转型升级和区域科技创新能力的提升。

第六，创新生态亟待优化。政府职能转变尚不到位，行业垄断、地方保护和侵犯知识产权等妨碍市场公平竞争的现象仍然存在。公平开放、激励创新的创新生态环境营造不够，对关键领域自主创新产品的支持与保障力度不足，也压缩了创新产品和服务的发展空间。

二、山东省区域创新生态系统的协同分析

伴随我国步入经济高质量增长阶段，创新能力的提升成为区域经济发

展的关键。形成区域创新生态系统的关键在于如何实现区域创新要素之间的正确组合，即能否找到一种稳定的要素配置方式，使区域创新生态系统中的各类创新要素以一种稳定的路径进行互补性资源整合，并使复合创新主体及复合创新环境之间呈现出一种协同演化的交互关系。

基于对区域创新生态系统协同演化特征的认识，可以提炼出区域创新因子的生态位种群要素构成。创新主体生态因子主要包括知识经济群体、商业经济群体、辅助创新群体等创新主体层；创新环境生态因子主要包括经济环境、社会环境、自然环境、政策环境等创新环境层[1]。具体而言，知识经济群体主要包括高等院校及科研机构，它们通过培养创新人才、生产创新知识、扩散创新知识、为企业提供知识培训等方式，实现知识的创新、传播和转移，进而促进创新资源的集成。商业经济群体主要包括上游供应商、核心企业、竞争企业及合作企业，经过创新企业集群的创新活动与成果传导，促使商业经济群体吸收转化创新成果，创新资源集成、产品开发及产品商业化推广模式。辅助创新群体主要包括会计师事务所、科技中介机构、律师事务所、金融服务机构及其他相关机构，通过创新关联机构的科技协作，为企业创新提供相关服务。

基于山东省创新发展实际，结合山东省区域创新生态系统关键要素，正确界定区域创新生态系统的创新主体生态因子与创新环境生态因子，有效识别区域创新生态系统的关键要素及其发展动态，以及这些要素的发展对区域创新发展的作用机制，是科学预测山东省区域创新生态系统的协同演化趋势、不断提升区域创新协同发展能力的关键。区域创新生态因子、驱动要素与运作特征的不同，必然导致区域创新生态系统运行绩效的差异。因此，仅聚焦于区域创新经济绩效的研究已经不能适应区域创新协同发展的新需求，还应拓展到更广泛范围的环境价值与社会价值的研究，通过区域创新系统的生态化演进实现山东省区域创新协同优势的可持续提升。

[1] 梁志康. 区域创新生态系统协同研究 [D]. 西安：西安理工大学，2019.

鉴于经济高质量发展过程中对提升区域创新能力的迫切要求，从区域创新生态系统的视角，深入探析区域创新生态系统的协同演进特征，找准山东省区域创新发展过程中的薄弱环节，并提出区域创新协同发展的工作方案与政策建议，是破解山东省经济发展面临的深层次矛盾和结构性问题的关键，从而为实现区域创新协同发展提供科学适用的决策参考与现实借鉴。

三、高质量发展对区域协同创新的战略要求

2022年，山东省新旧动能转换获得强力突破。传统产业持续优化，新兴动能增势强劲，"四新"经济增加值占比为32.9%，比上一年提高1.2个百分点；"四新"经济投资占比超过一半，达到54.4%。全省高技术制造业增加值比上一年增长14.4%，高于规模以上工业增加值增速9.3个百分点。其中，锂离子电池制造、集成电路制造、电子专用材料制造等新能源、新材料相关行业增加值分别增长86.9%、38.6%、60.7%。软件业务收入10 657.6亿元，比上一年增长19.2%。山东省扎实推进乡村振兴战略，乡村振兴取得新进展。2022年，山东省脱贫攻坚成果持续巩固拓展，累计5.7万人被纳入防返贫动态监测，全部落实针对性帮扶措施；建成首批乡村振兴齐鲁样板省级示范区37个、衔接乡村振兴集中推进区36个；农业经营主体不断壮大，累计培育家庭农场11.6万家、农民专业合作社24.3万户、农业产业化省级以上重点龙头企业1128家；休闲农业稳步发展，累计创建中国美丽休闲乡村73个、全国休闲农业重点县4个；农村人居环境持续优化，排查自建房4046.6万栋，完成危房改造9910户，新增清洁取暖153.7万户，完成改厕7.1万户。

当前，山东省经济增长呈现出速度换挡、结构调整、动力转换的新特征[1]，这对科技创新提出了更高的要求，创新的驱动支撑和基础性作用不

---

[1] 山东省人民政府关于印发山东省"十三五"科技创新规划的通知[R].山东省人民政府公报，2017-01-20.

可或缺。习近平总书记在视察山东重要讲话和对山东工作重要批示中，要求山东进一步解放思想、锐意进取，加快推动科学发展，全面建成小康社会[1]。山东省以贯彻落实习近平总书记提出的山东在全面建成小康社会进程中要走在前列为目标定位，深入实施创新驱动发展战略[2]，出台了《关于深入实施创新驱动发展战略的意见》。

为加快推动区域创新协调发展，山东省应加快打造具有影响力的区域科技创新中心，加快建设更多创新型城市，积极打造德枣科技创新走廊，推动鲁西地区加快创新崛起。今后，应围绕深化科技体制改革、提升创新引领能力、打造创新创业生态圈，全面推进山东省高端创新平台建设，开展产学研深度合作，推动高新区产业创新发展，促进科技成果转移转化，推进科技金融深度融合，推动创新人才队伍建设，改善创新创业生态环境，推进山东省全面开放创新发展。

四、区域协同创新助推高质量发展的建议

《中共中央关于制定国民经济和社会发展第十四个五年规划和二〇三五年远景目标的建议》中指出，要把科技自立自强作为国家发展的战略支撑，面向世界科技前沿、面向经济主战场、面向国家重大需求、面向人民生命健康，深入实施科教兴国战略、人才强国战略、创新驱动发展战略，全面塑造发展新优势。针对山东省区域创新发展的实际情况，应在以下几个方面加以改进。

第一，强化战略性科技创新能力。进一步制定科技强省行动纲要，打好关键核心技术攻坚战，提高创新链整体效能。大力加强科技计划项目培育，围绕新能源汽车、装备制造、造纸包装、新材料等重点产业，大力挖掘培育科技含量高、发展前景好、带动能力强的优质科技项目，强

---

[1] 凡一，何延海. 落子山东，意在全局 [J]. 金桥，2018.4：48-53.
[2] 曹元梅. 四川地震灾区科技工作者创业意向影响因素研究 [D]. 成都：西南交通大学，2019.

化重点支持。引导支持有条件的企业与高校院所合作实施重大科技项目，提升项目科技含量和竞争力，积极申报国家级、省级重点科技项目。依靠项目实施带动创新能力提升，利用技术升级加快经济结构调整和发展方式转变。

第二，加快提升企业自主创新能力。强化企业创新主体地位，促进各类创新要素向企业集聚[1]。推进产学研深度融合，鼓励企业与高校院所、科研院所共建研发机构，带动企业科技创新能力提升。实施创新型企业培育计划，围绕战略性新兴产业和传统优势产业，鼓励和引导企业增加技术创新投入，落实专项资金资助、税收奖励返还、研发场所和住房租金免除等支持政策，鼓励企业开发或引进具有自主知识产权的科技成果。重点培育一批创新型领军企业，充分发挥其对技术创新的示范引领作用。加快重大科技创新平台建设，加强共性技术研发，推动产业链上中下游、大中小企业融通创新。

第三，进一步激发人才创新活力。进一步创新人才培养模式，结合产业转型发展需求，大力支持本地高等院校和科研院所发展，与国内外著名高等院校和科研院所建立良好的合作培养关系，不断加强高端人才队伍建设。加快引进和培育高端技术人才，重点引进国家"万人计划"、省内"泰山学者"等创新人才；实施柔性引智工程，鼓励企业采取合作研究、兼职聘用、联合攻关等方式柔性引进高端人才和团队。推动高新技术人才集聚，制定符合山东省实际的高科技人才引进政策，开通人才来鲁创业绿色通道；制定落实配套政策措施，提高高科技人才待遇，鼓励知识、技术和才能等要素参与收益分配，以留住人才。

第四，完善科技创新体制机制。深入推进科技体制改革，科学设置科技计划体系，逐步探索建立由第三方专业机构管理科技项目的机制，

---

[1] 王小广.加快构建新发展格局 塑造我国经济新优势[J].中国党政干部论坛，2020（12）：46-49.

规范项目管理，推进协同创新，提升管理效能。加快从研发管理向创新服务转变，完善科技管理部门权力清单、责任清单和公共服务清单，健全事中事后监管机制，优化提升科技孵化中心、科技合作中心等平台功能，完善"互联网＋科技服务"模式，推动政府职能从研发管理向创新服务转变，为各类创新主体提供方便快捷的公共服务。

第五，健全科技创新投融资机制。坚持政府引导与市场机制相结合，创新投入方式，优化投入结构，构建多元化、多层次、多渠道的科技投融资体系。强化金融对人才的支持，推动银行机构设立"人才贷"，支持高端人才创新创业；创新支持方式，充分运用风险补偿、无偿资助、后补助、贷款贴息、购买服务、创投引导等方式，引导和带动社会力量支持科技创新。拓宽科技型企业融资渠道，积极推动符合条件的中小企业通过中小板、创业板、"新三板"等实现上市融资，围绕智能装备、生物医药、新一代电子信息等战略性新兴产业及机械装备、绿色化工等传统优势产业，与山东省城投控股集团有限公司（以下简称城投集团）合作成立产业创新发展基金，以股权、债权等方式开展合作，引导创新型产业集群发展，提升企业自主创新能力。

第六，营造敢于创新、积极创新的良好氛围。鼓励、保护管理者的创新动力，鼓励管理者要在政策制定上更加大胆，在政策实施上更加灵活，真正做到"法无禁止皆可为"。进一步建立并完善政府管理部门的容错机制、纠错机制，推动政策实施关键部门的协调沟通，加强事后监管，在法律允许的范围内学会特事特议和例外处理。持续改进工作作风，重点在敢于担当、激情干事、更严更实上抓提升、见实效；积极倡导诚信文化，树立各级政府诚信践诺的良好形象，营造人人关心创新环境、人人建设创新环境的浓厚氛围。

第二章　科技创新支撑潍坊高质量发展的实践探索

第一节　潍坊国家创新型城市建设实践

2021年12月31日，科技部函复山东省第三批国家创新型城市评估结果，潍坊市在全国入选的17个城市中位列第5名，标志着自2018年科技部、中华人民共和国国家发展和改革委员会（以下简称国家发展改革委）批复潍坊建设国家创新型城市起，经过不懈努力，潍坊全面完成了重点建设指标，顺利通过国家验收，正式跻身国家创新型城市行列，成功迈入以科技创新推动未来发展的新时代。

一、创新驱动发展率先迈出新步伐

科技是国家强盛之基，创新是民族进步之魂。党的十八大以来，习近平总书记高度重视科技创新，紧紧围绕实施创新驱动发展战略、加快推进以科技创新为核心的全面创新，提出了一系列新思想、新论断、新要求，为科技事业发展指明了方向[1]。

发展利用氢能，是新一轮科技革命和产业变革的标志性方向。自2018年起，山东省启动新旧动能转换重大工程，发力新能源，提出把加快氢能产业发展作为超前布局先导产业、抢占新能源技术制高点的重大举措，建设国家氢能与燃料电池示范区，发展成为国内领先、国际知名的氢能产业强省，并启动"氢进万家"科技示范工程。推动能源"氢"转型是碳达峰、碳中和的重要组成部分。2019年年底，潍坊市出台《潍坊市氢能产业发展三年行动计划（2019—2021年）》，用3年时间把潍坊打造成全国氢能综合利用和燃料电池产业化高地。

---

[1] 温立新.创新是引领发展的第一动力[J].中国政协，2020（17）：30-31.

2020年6月1日,在潍坊创建氢能示范城市暨潍柴150辆氢燃料电池公交车运营仪式上,潍柴控股集团有限公司(以下简称潍柴集团)董事长谭旭光向外界宣布,该批公交车搭载的潍柴氢能动力寿命超过2万小时,整车续航里程600千米。2021年4月16日,由潍柴动力股份有限公司(以下简称潍柴动力)牵头承建的国家燃料电池技术创新中心正式落户潍坊,该中心是全国唯一一家燃料电池技术领域的国家创新中心。燃料电池共性关键技术的突破,为产业链上下游深度融合发展按下了"加速键"。潍柴动力动力不仅牵头建设国家燃料电池技术创新中心,还依托该中心有力地推动了科技部"氢进万家"科技示范工程在山东率先落地。2021年6月8日至10日,第六届国际氢能与燃料电池汽车大会在上海举行,潍柴动力联合加拿大巴拉德动力系统有限公司携燃料电池新产品、新技术重装亮相,山东重工集团有限公司(以下简称山东重工集团)旗下搭载潍柴燃料电池的整车也一同展出,彰显了潍柴燃料电池硬核实力和产业链优势。

潍柴动力持续突破关键核心技术,在燃料电池领域的创新能力和产业基础突出优势,是潍坊创新驱动发展的一个缩影。潍坊市以建设国家创新型城市为统领,深入实施科教兴国战略、人才强国战略、创新驱动发展战略,着力打造具有影响力的科技创新策源地和新兴产业聚集地,科技事业取得长足进步,区域创新能力跃上新台阶,为推动高质量发展、建设现代化高品质城市提供了强力支撑。

二、企业成为创新发展的主力军

创新型城市的建设,需要政府公共服务平台和完善的政策体系支持,以激发企业创新活力。在2021年2月21日召开的全市重点工作突破暨服务企业发展动员大会上,明确提出抓好营商环境优化,建立服务企业专员制度,切实帮助企业解决实际困难,促进企业更好、更快发展。

2019年9月10日上午,潍坊市产业技术研究院揭牌成立。该院已建成 10 所直属院，发展 8 所加盟院，与 12 所研究机构建立合作，设立了 10 亿元科技型企业培育基金、10 亿元产业创新发展基金，搭建起科技发现与科创服务三大平台，打造出科技创新发展新模式。

为加快产学研合作平台建设，潍坊市创新开展"百院千企"精准对接活动，搭建院企合作高效平台，充分利用高校院所人才优势、创新优势，发挥潍坊产业优势，加快创新资源在潍坊集聚。活动启动以来，已帮助 1600 余家企业成功对接 4300 多项创新成果，有效支撑和满足了企业发展需要，有效解决了科研、生产"两张皮"问题。

2021 年 2 月 26 日，潍坊市正式印发《关于实行服务企业专员制度推动经济高质量发展的实施意见》，在全市推行服务企业专员制度，组织市县镇三级万名机关干部联系包靠企业和重点项目。针对潍坊民和食品有限公司扩展产能的需求，昌邑市行政审批服务局的服务企业专员积极与相关部门协调对接，将政务服务大篷车直接开进企业，为企业新建项目审批手续的办理开辟出一条绿色通道。服务企业专员作为桥梁和纽带，把政府与企业的距离进一步拉近，企业有问题、有诉求第一时间能够得到解决，有效助推了企业发展。

潍坊充分发挥企业在技术创新中的主体作用，始终把企业作为重点，支持企业建平台、搞研发，全市 80% 以上的大中型骨干企业建立了自己的研发机构。潍坊依托潍柴集团、歌尔股份有限公司（以下简称歌尔股份）、山东豪迈机械科技股份有限公司（以下简称豪迈科技）等企业建设了 4 家国家级创新平台、137 家省级创新平台，一批创新成果达到国际先进水平[1]。例如，潍柴集团牵头组建的国家燃料电池技术创新中心，是该领域唯一一家国家级研发机构。目前，潍柴集团已在日本、美国、德国、法国及国内许多城市建立了研发中心，整合全球创新资源，打造世界一流研发平台，站在了行业前沿。豪迈科技自主研发的精细化工连续流工

---

[1] 李阳. 潍坊乘势而上进军国内二线城市[R]. 山东科技报，2021-09-17.

艺及装备达到行业领先水平，打破了国外垄断。为支持潍坊光刻胶省重点实验室发展，市里出台专项支持政策，鼓励企业开展技术创新，解决了光刻胶"卡脖子"技术问题。近年来，潍坊有 82 项科技成果获得省以上科技奖励，90% 以上来自企业。

三、成果转化成为创新发展的支撑力

在成果转化方面，潍坊先后与中国科学院 12 个分院、86 家研究院所和 70 多所高等院校建立了长效对接机制，北京大学、中国科学院、中国农业科学院的一批创新项目已落户潍坊。落地潍坊的中国科学院先进光电芯片研究院引进"国家杰出青年"郑婉华研究团队，组建了 18 位中国科学院院士和中国工程院院士（以下简称"两院"院士）参加的学术委员会，着力打造光电子芯片的"中国芯"。重点建设的 GB/T-SDL 科学实验室，建成后将带动形成千亿级产业集群。引进的国务院政府特殊津贴专家李永胜创办的山东天瑞重工有限公司（以下简称天瑞重工），研发的磁悬浮鼓风机等系列产品节能达 30%～50%，为碳达峰、碳中和提供了技术支撑。

为创新激励科研人员，潍坊从 2020 年 5 月开始实施《关于进一步促进科技成果转移转化的实施意见》，将科研人员就地转化科技成果收益的比例由原来的 70% 提高到 80%；科技人员可将高新技术成果或知识产权作为无形资产入股创办科技型企业，所占注册资本比例最高可达 100%；此外，还从科技奖励、科技金融、知识产权保护等方面为实现成果转移转化提供保障。

四、人才成为创新发展的原动力

人才是创新的第一资源。潍坊市实施人才强市战略，深入推进人才制度改革创新攻坚，坚持人才引领发展，精准引才、系统育才、科学用才、用心留才，人才发展呈现量增质提、活力迸发的新局面。

第二章　科技创新支撑潍坊高质量发展的实践探索

潍坊市强化"一把手"抓"第一资源",市委、市政府主要负责同志亲自带队外出"点对点"招才引智,精准升级人才政策,研究制定实施了加强重点产业人才支撑的16条措施,量身定制支持高端装备制造业、现代蔬菜种业发展的"人才兴潍"24条等专项人才政策,增强了政策的系统性和"含金量"。对市级以上重点人才工程人选,根据综合贡献给予最高800万元经费资助、最高300万元购房补贴;对新来潍坊的急需紧缺专业高等院校毕业生,最高给予36万元生活补助和30万元购房补贴,支持力度在山东省领先。

通过举办高层次论坛和活动,"走出去"对接,"请进来"交流,潍坊市吸引了1600多名高端人才来潍对接;采取"产业专班+企业"的形式,市县两级常态化走进北京、西安、南京等地高校院所,促进产学研深度对接。创新实施校地合作"双百行动",打造产才融合发展新路径。潍坊分批选派100名干部赴国内重点高校院所担任科技人才专员,选聘100名专家人才到企业担任科技人才顾问(副总)[1],实现企业与高校院所精准对接。目前,首批选派31名科技人才专员进驻清华大学、中国农业科学院等重点高校院所,已促成校企合作意向148项。

2020年11月8日,潍柴集团董事长谭旭光荣获中国工程界最高奖——"第十三届光华工程科技奖",谭旭光主持创建了全球首个独立的重型商用车动力总成研发制造基地,攻克重型高速柴油机及动力总成核心技术,是山东省唯一获此殊荣的科技工作者,还获得了山东省科学技术最高奖。2021年5月28日,天瑞重工董事长兼总工程师李永胜获得2021"齐鲁最美科技工作者"殊荣,李永胜是潍坊市引进的第一批创新创业人才,也是山东省第一届泰山产业领军人才,企业发展过程中探索出"产业带人""教研产""三合一"人才模式,聚集了行业领先的专业

---

[1] 人才引领产业高质量高速度发展的潍坊实践[J].党员干部之友,2022(8):20-21.

技术人才。为弘扬企业家精神、支持企业家干事创业，潍坊市将每年11月1日设为潍坊市"企业家日"，并明确将对做出突出贡献的优秀企业家给予重奖。

人才既要引得来，更要留得住。潍坊市持续优化人才发展环境，创新市场化、社会化引才模式，成立潍坊市人才发展集团，评选谭旭光、姜滨等30位"人才潍坊伯乐"，激发了社会和企业家引才内生动力；同时，研究制定高端人才全周期服务流程再造实施方案，坚持"手续最简、环节最少、成本最低、效率最高"，打造优质、高效、便捷的人才发展环境。

近年来，潍坊市抓高端技术人才（团队）引进，打造人才集聚发展新高地。2021年，潍坊市引进认定高端科技人才（团队）255人次、外国专家人才407人；1人入选省"一事一议"顶尖人才，占全省顶尖人才总数的1/4；3人入选国家高端人才特殊支持计划；新增外籍院士1名；新增海外高端人才专家工作站3家，数量居全省第一位。目前，潍坊市拥有合作院士175人、国家级重点人才59人、泰山系列领军人才194人、鸢都系列领军人才409人；入选全国最具人才吸引力城市100强，居山东省第3位；6家单位获评省人才工作先进单位，3项工作获评全国人才工作优秀创新案例，数量均居全省首位；引进合作的潍坊先进光电芯片研究院院长郑婉华等5名高端人才新当选"两院"院士，1人新当选俄罗斯自然科学院外籍院士，实现重大突破。

潍坊把人才作为最重要、最宝贵的创新资源，在省内率先推进党委书记抓人才工作，实施"人才兴潍"24条，用真心实意、真金白银招才引智。"十三五"期间，全市引进高端技术人才4713人，其中合作院士175人，目前全市人才资源总量达到204万人，比"十二五"期末增加33万人。其中，国家级重点人才49人、泰山系列领军人才194人、鸢都系列领军人才334人，分别比"十二五"期末增长96%、142%、163%。送政策、给平台、奖荣誉、造环境，一系列措施让越来越多的优秀人才关注潍坊、选择潍坊，为潍坊建成国家创新型城市提供了强大的智力支持。

第二节　创新驱动支撑潍坊高质量发展

一、创新驱动为高质量发展赋能提速

山东省委、省政府在2022年工作动员大会上明确提出抓好"十大创新"重点任务，强调始终把创新摆在发展全局的核心位置，把握重点、聚力攻坚，推动"十大创新"各项任务全面起势、加快落地、早见成效。"十大创新"抓住了事关高质量发展的关键和要害，进一步凸显了改革创新对于服务和融入新发展格局的关键作用。省第十二次党代会要求潍坊"加快建设国家技术创新中心、产业创新中心、制造业创新中心"，科技自立自强日益成为推进高质量高速度发展、加快建设人民满意的现代化品质城市的战略支撑。未来五年，潍坊将立足实际、发挥优势，全面落实省委"十大创新"部署要求，锚定潍坊"一二三"发展目标，坚持"一二三四五"工作思路，坚持"自信、创新、实干"，以改革创新精神加快科技攻关，以创新成果赋能潍坊高质量发展。

近年来，潍坊市委、市政府深入贯彻落实习近平总书记关于科技创新重要论述和重要指示批示精神，坚持把科技自立自强作为高质量发展的战略支撑，以建设国家创新型城市为统领，深入实施创新驱动发展战略，推动制度创新、管理创新、模式创新、业态创新"四个轮子"一起转，大力提升平台创新、企业创新、合作创新、自主创新，以高水平科技自立自强引领高质量发展。坚持改革与发展深度融合、高效联动，精准高效打出一系列改革"组合拳"，推动各类创新要素高度集聚，促进人才链、创新链、产业链深度融合，聚力提升科技创新能力，着力打造具有影响力的科技创新策源地和新兴产业聚集地，科技事业取得长足进

步，区域创新能力跃上新台阶，为全市高速度、高质量发展提供了强力支撑。

二、制造业创新支撑潍坊高质量发展

潍坊是国际动力城和环渤海高端装备制造产业基地，已形成机械、化工、纺织、食品、造纸5个千亿级产业，有潍柴集团、歌尔股份、豪迈科技等一批国际知名企业。截至2021年，潍坊高新技术企业总量已突破1380家，产值占规模以上工业总产值的比重达到54.6%。

2020年1月8日上午，潍柴动力在济南发布全球首款本体热效率51.09%柴油机，国外权威内燃机检测机构向潍柴动力颁发认证证书。在2020年9月热效率突破50%的基础上，时隔480天，潍柴动力再次刷新全球纪录，标志着我国内燃机行业真正迈向世界一流。2019年7月，潍柴国际配套产业园开工建设，吸引了瑞士泰科电子有限公司（以下简称瑞士泰科）、德国克诺尔集团、日本岩谷气体、韩国盛达科技等国际企业进驻。目前，该产业园区已经有50多家企业落户，计划投资额达到100多亿元。

山东天瑞重工有限公司是我国专业从事磁悬浮动力装备研发生产的领军企业，为支持企业发展，政府平台代建了专业产业园，吸引上下游企业开发各类磁悬浮装备，力争5年内营业收入达到500亿元。其"磁悬浮离心鼓风机综合节能系统开发与应用"项目获山东省技术发明一等奖，实现了潍坊市山东省技术发明一等奖零的突破。潍坊航空航天产业园项目经过不断改革发展，具备大规模开发建设的总体框架，形成了良性循环的软硬投资环境，吸引了多家企业来此投资。规划到2025年，引进航空航天上下游企业50家以上，实现产值335亿元。

从制造到"智"造，潍坊不断推进先进制造业高质量发展，"十三五"期间，全市工业经济保持平稳向好的发展态势，全市规模以上工业增加值年均增长5.4%。潍坊工业总量占全省工业总量的比重不断增加，规模以上工业营业收入由2015年的全省第4位提高到目前的全省第2位，占全省规模以上工业营业收入的比重由 2015 年的 9% 提高到 2020 年的 10.5%[1]。

2021 年先后出台《潍坊市创建制造业高质量发展试验区总体方案》《关于推动先进制造业高质量发展的实施意见》，全面推动试验区争创工作，力争到 2025 年，全市规模以上工业企业稳定在 4000 家左右，工业营业收入超过 1.5 万亿元。2021 年 10 月，潍坊又印发了《关于推行先进制造业重点产业链"链长制"的实施意见》，提出力争 5 年内在全市形成 5 个 1000 亿级、10 个 500 亿级先进制造业产业集群。

以争创国家制造业高质量发展试验区为引领，潍坊制造业已经走上了高质量发展的快车道，形成了可复制、可推广的制造业高质量发展"潍坊模式"。

第三节 科技创新支撑高质量发展的潍坊实践

一、持续加强科技研发创新

当前，潍坊市正认真落实省委、省政府"十大创新"部署，聚焦经济社会发展重大需求，以科技创新引领全面创新，加强基础研究与应用基础研究，把"卡脖子"清单变成科研清单，努力实现更多"从 0 到 1"的突破，加快推进科技成果产业化、规模化应用。大力开展自主创新，支持企业增加研发投入，鼓励企业组建创新联合体，力求 5 年内实现规模以上工业企业研发中心全覆盖，高新技术企业总数量达到 2000 家以上。持续实施高新技术企业"育苗造林"行动和"小升高"计划，培大培强

---

[1] 王浩. 农商行小微企业信用风险评估体系优化研究 [D]. 青岛：青岛科技大学，2022.

企业主体，探索科技项目攻关"揭榜制"，将2021年摸排的45项"十大产业"领域企业技术难题，面向科研院所、高等院校和科技人才顾问"发榜解题"。以深化科技体制改革为引擎，以"链式"思维推动产业发展，聚焦动力装备、高端化工等15个优势产业链，全面实施"链长制"，有针对性地引项目、上项目。

近年来，潍坊有82项科技成果获得省级以上科技奖励，90%以上来自企业。潍柴集团依托内燃机可靠性国家重点实验室，发布全球首款51.09%热效率的商业化柴油机，破解了世界内燃机行业百年难题；天瑞重工成功突破一系列关键技术，研发出磁悬浮鼓风机、磁悬浮真空泵等系列高效节能装备并实现产业化，达到国际领先水平，其"磁悬浮离心鼓风机综合节能系统开发与应用"项目获全省唯一技术发明一等奖；盛瑞传动股份有限公司（以下简称盛瑞传动）国家乘用车自动变速器工程技术研究中心成功研发出8AT自动变速器，打破了该项技术的国外垄断；豪迈科技自主研发的精细化工全连续流工艺及装备达到行业领先水平，打破了该项技术的国外垄断；潍坊光刻胶省重点实验室依托市里出台的专项支持政策，解决了光刻胶"卡脖子"技术问题；歌尔股份连续6年夺得中国电子元件百强研发实力榜单冠军，加速迈向全球一流企业行列；山东奥新医疗科技有限公司（以下简称奥新医疗）获批我国首台3.0T四肢关节磁共振产品注册证，填补了相关领域的国内外空白。

截至目前，全市高新技术企业总数量达到1397家，高新技术产业产值占比提高到57.88%。全市拥有国家级技术创新示范企业5家，居全省第3位；拥有国家级制造业单项冠军13家，居全省第5位；拥有国家专精特新"小巨人"企业11家，居全省第2位；拥有省级"隐形冠军"企业64家，居全省第1位；拥有省级"瞪羚企业"71家，居全省第3位；组织2415家企业加入科技部科技型中小企业库管理，居全省第4位。

二、大力提升高能级平台创新

潍坊市科学规划科技创新平台发展布局，大力提升高能级平台创新，逐步完善以公共服务平台为基础、以企业研发平台为主体、以产业化平台为引领，布局合理、功能齐全、开放高效的科技创新平台体系。着力抓平台互联，聚力做强科技载体，优化科技创新平台发展环境，营造科技创新平台引进和培养科技人才、科技人才提升创新平台研发水平的良性发展机制。支持国家燃料电池技术创新中心建设，支持歌尔股份牵头创建国家虚拟现实创新中心，支持先进光电芯片研究院、磁悬浮产业研究院等平台建设，新争创一批国字号高能级科创平台。支持找准优势布局智慧农机等领域省重点实验室，支持歌尔股份在优势领域建设重点实验室，支持天瑞重工与潍坊学院合作共建实验室。强化源头扶持培育，修订《潍坊市科技企业孵化器管理办法》和《潍坊市众创空间管理办法》，将培育和孵化科技型小微企业纳入考核。

潍柴动力牵头承建的全国唯一一家国家燃料电池技术创新中心正式落户潍坊，为燃料电池产业链上下游深度融合发展按下"加速键"，着力突破一批共性关键技术，推广一批技术创新成果，培养一批高端人才，服务一批中小企业，孵化一批科技型企业。潍坊先进光电芯片研究院半导体（激光）产业园一期、二期已建成投用，山东富锐光学科技有限公司、鲁欧智造（山东）高端装备科技有限公司、山东思研半导体科技有限公司等30多家企业发展蒸蒸日上；集聚上下游关联高新技术项目20多个，吸引天津大功率激光器芯片、北京联星科通微电子技术有限公司等60家相关技术企业合作，初步产生了"引进一个人才、突破一项技术、落地一批项目、形成一个产业"裂变效应，推动半导体芯片产业向千亿规模产业集群迈进。

截至目前，全市省级以上科技创新平台总数量达到355家；市级以上工程技术研究中心发展到780家，其中省级以上达到116家。国家燃料电池技术创新中心、潍坊现代农业山东省实验室等重大创新平台挂牌建设，获批设立全国首个磁悬浮动力技术基础与应用标准化工作组。建成国家级工程技术研究中心 2 家、企业重点实验室 1 家、科技企业孵化器 11 家、国际科技合作基地 4 家、众创空间 11 家、技术创新中心 4 家、重点实验室 494 家。潍坊先进光电芯片研究院、山东坊能新动能科学研究院等 30 家新型研发机构上榜 2020 年度省级新型研发机构备案名单，数量居全省第 3 位。2021 年，成功创建 1 家国家技术创新中心、1 家省实验室、3 家省重点实验室、5 家省技术创新中心，新增数量居全省第 2 位。

三、不断增强产学研用协同创新

潍坊市加快产学研平台建设，积极对接创新"国家队""省队"，先后与中国科学院 12 个分院、86 家研究院所和 70 多所高等院校建立长效对接机制。着眼融入全球创新网络，服务"一带一路"建设大局，创建潍坊（美国）硅谷高科技孵化器、潍柴动力（德国）科技创新中心等 27 家海外研发中心（孵化器），整合全球创新资源为潍坊所用。成立潍坊市科技合作中心，集聚国际国内先进科技创新要素，构建合作共赢的科技服务体系。积极搭建面向国内外的综合性、开放式、多层次、多功能的科技信息服务平台，建成集项目成果库、科技专家库和企业需求数据库为一体的潍坊市科技合作信息网，有效促进前沿技术和创新成果及时转化。构建起以中国科学院为中心，涵盖科研院所、重点高等院校、科技中介服务机构的开放式产学研用合作网络体系。加快科技成果培育，出台《潍坊市科技成果转化补助管理办法》，进一步发挥财政资金引导作用。完善技术转移体系，优化技术合同认定登记和审批服务，引导合同供需方提质增量。

北京大学、中国科学院、中国农业科学院的一批创新项目已落户潍坊，中国科学院光电芯片研究院着力打造光电子芯片的"中国芯"，GB/J-SDL 科学实验室建成后将带动形成千亿级产业集群。潍坊市产业技术研究院和创新创业共同体建设成为产学研用协同创新的新亮点，积极培育了第一批23家具有产业特色的市级创新创业共同体，为全市科技创新发展提供了有力支撑。市产业技术研究院搭建起"产业技术研究院+公司+基金+各类创新主体+孵化园区"的整体框架结构，目前已建成成体细胞、粒子束等10家直属院，发展8所加盟院，与12家研究机构建立合作机制，建成潍坊市产业科技发现与科创服务平台、潍坊工业互联网协同创新平台、e融湾智能投顾O2O平台三大科创服务平台，成立了10亿元科技型企业培育基金、10亿元产业创新发展基金，实现了项目、资金、技术、人才的双向选择和精准匹配。

截至目前，潍坊市已与西安交通大学、天津大学、中国机械科学研究总院等30多所重点院校签署全面科技合作协议；在沈阳、西安等地举办成果对接洽谈会117次，累计对接科技成果5000多项，对接相关业务领域3000多人次，促成合作400余项。2021年，全市共有17项科技成果获省级奖励；全市共有国内专利授权28 858件，其中发明专利授权3522件，居全省第3位；新增注册商标3.5万件，居全省第4位，总量达到16.8万件；登记技术合同3690项，技术合同成交额159.5亿元，比上一年增长17.3%；技术交易额达到5.8亿元，同比增长95%。

四、不断加强人才引育创新

潍坊市着眼未来，高标准实施人才强市战略，坚持以科技项目培养人才，以创新平台凝聚人才，以科技政策激励人才，以更大力度聚天下英才而用之，创新人才高质量发展。加大招才引智力度，突出领军人才、"源头活水"、开放交流，注重集聚科技领军人才和高水平创新团队，清单式引进高精尖缺人才，加大对鸢都系列人才、"蓝领"人才的重视和支持力度，打造人才集聚发展新高地。

人才制度的不断改革创新，促成了潍坊人才发展量增质提、活力迸发的新局面。在全省2022年工作动员大会上，潍坊6位企业家受到表彰，获得"山东省杰出企业家""山东省优秀企业家"等称号。潍坊1人入选省"一事一议"顶尖人才，3人入选国家高端人才特殊支持计划，引进认定高端科技人才（团队）255人次、外国专家人才407人次。

截至目前，全市人才资源总量达到215.3万人，其中，专业技术人才90.6万人，高技能人才29.56万人，农村实用人才28.94万人，博士1900余人。拥有国家级重点人才62人，其中，国家创新人才推进计划人才22人，国家万人计划领军人才20人；泰山系列人才195人，其中，泰山产业领军人才83人，泰山学者种业领军人才2人，泰山学者特聘专家7人；省级引进"一事一议"顶尖人才2人、合作院士180人，引进合作的5名高端人才当选"两院"院士、2人当选外籍院士，入选国家级重点外国人才工程专家7人、省级重点外国人才工程专家20人（团队），培育鸢都产业领军人才63人；14个创新创业团队在全省首届"创业齐鲁·共赢未来"高端人才创业大赛中脱颖而出，数量占全省总数的1/2。

五、不断提升海洋科技创新引领能力

潍坊市按照省、市海洋强市建设行动方案有关要求，立足部门职能，采取加大科技投入、加快海洋创新平台建设、培育重点海洋企业与园区、加速科技成果转化、引进高科技人才等措施，不断提升海洋科技创新引领能力，为海洋强市建设提供有力科技支撑。

2019年以来，海洋领域列入市级以上科研项目共84项，其中国家级项目8项、省级项目41项、市级项目35项，共获支持资金19 568万元。新建市级以上创新平台32家（其中国家级平台3家、省级平台10家），持续推进GB/J-SDL科学实验室综合项目建设，签署了《青岛海洋国家实验室水动力平台建设合作协议》，促进各方在人才、项目、资金和创新要素资源等方面的深度融合。

积极推荐优秀科技成果申报国家、省、市科技进步奖，"十三五"期间，全市海洋领域获省级以上科技奖励的科研项目共38项，其中国家级

一等奖1项、二等奖1项、三等奖2项。截至目前，全市建成海洋领域产业园区1家，拥有海洋领域重点企业44家（其中，高新技术企业29家、"瞪羚企业"3家、上市企业2家、中小微创新企业4家），海洋领域企业近三年销售收入达到1025.2亿元，利润达到71.45亿元，税收达到59.55亿元。

第四节　科技创新支撑潍坊高质量发展的路径建议

一、制约潍坊科技创新支撑能力的短板

虽然潍坊在推进科技创新、支撑高质量发展方面采取了许多措施，且取得了一定成效，但当前潍坊市科技创新能力提升仍然存在一些难点、堵点，与先进地区相比还存在差距和不足。

（一）科技投入仍然偏低

政府、企业、社会对科技创新在调整经济结构、转变经济增长方式和提高国际竞争力等方面的认识还不够深刻，还没有形成共识，导致各层级科技投入均相对偏低。

潍坊市对科技创新的投入处于全省各市中等偏下水平，2020年全社会研究与试验发展（R&D）经费支出127亿元，总量居全省第4位；但占GDP（国内生产总值）的比重为2.17%，仅居全省第11位。财政科技投入地区差异大，2020年财政科技、教育、文化及卫生（以下简称科教文卫）投入最大的是寿光市，占全市科教文卫投入的13.71%；科教文卫投入较小的地区有滨海经济技术开发区、潍坊国家高新技术产业开发区、峡山开发区和潍坊综合保税区，占比分别为2.3%、2.28%、1.11%、0.12%，需要加大财政科技投入力度，尤其是进一步增加上述地区的财政科技投

入，使全市财政科技支出占财政总支出及 GDP 的比重逐步提升。

（二）高新技术产业开发区科技创新带动能力不足

潍坊国家高新技术产业开发区的产业发展仍存在"不高""不新"等问题，以传统产业为主的产业格局仍然没有发生根本改变。

电子信息、生物医药、节能环保、新能源汽车等新兴产业的整体规模和企业规模仍然较小，企业个数及主营业务收入在规模以上企业中占比仅为 13.2%、14.2%。规模大、形成产业链或产业集群的企业集团数量少、占比低，带动能力弱，与全省及先进地市相比仍有一定差距。战略性新兴产业占比偏低，"四新"经济规模偏小，新业态、新模式尚处于起步或跟跑阶段，对经济发展的引领作用尚未充分发挥[1]。新兴前沿产业尚未形成规模，支撑能力不足，辐射有限，特别是磁技术、人工智能、5G（第五代移动通信技术）、物联网等高端业态势强力弱，新上项目数量少、规模小，需要加大扶持力度。

（三）科技创新平台支撑能力不足

目前，潍坊市现有规模以上工业企业中建有科技创新平台的仅占 20%，开展研发活动的不足 40%，企业整体对自主科技创新的认识不足、创新投入不够，原始创新能力相对薄弱。

潍坊市建有省级以上工程技术研究中心 116 家，其中，70% 仅限于为企业自身提供日常技术服务，对整个产业的带动作用不大。从平台分布范围来看，现有的科技创新平台主要集中在规模以上企业，绝大部分小微企业没有组建研发机构。全市国家级科技创新平台只有 4 家，科技企业孵化器建设相对滞后，全市孵化器面积仅有 90 万平方米，与先进地区相比还有较大差距。前几年，政府重金投入建设的公共研发平台管理

---

[1] 徐国玲.潍坊市工业高质量发展的路径探析[J].新西部，2020（34）：119-121.

使用效率不高，没有达到预期效果；部分企业建设科技创新平台只是为了争牌子、评先进、拿奖项，科技创新平台利用效率不高，没有真正在技术攻关和科技研发方面发挥支撑引领作用。

（四）科教资源匮乏，产学研用合作亟待向更高层次发展

潍坊市优质科教资源匮乏，全市本科院校仅5家（含潍坊理工学院、青岛科技大学高密校区），其余以高职院校为主，研发实力普遍较弱[1]。被纳入国家统计的14家科研院所中，有科研活动的只有6家，目前运转良好、能为行业和产业发展提供科研支持的仅有山东省海洋化工研究院、潍坊市农业科学院2家，严重影响和制约了潍坊市基础研发实力的提升。

全市高端人才分布不均衡，硕士以上高端人才中，行政机关占14.7%，事业单位占62.8%，企业仅占22.5%；自然科学类专业技术人才中有24.9%集中在学校和医院，在企业等其他领域的仅占10.1%。高层次创新领军人才紧缺，中高端人才回流率逐年下降，在外求学的潍坊籍专科以上学历毕业生约30%在外地就业。从总体上看，本土高等院校、科研机构的科技成果实践性与应用性偏弱，无法贴合企业生产实际，企业发布的专业领域的技术需求无人揭榜，面临的技术难题难以通过当地产学研用合作等渠道得到有效解决。

（五）科技金融政策对企业支撑不足

潍坊市金融支持科技企业发展仍以传统信贷业务为主，资本市场融资规模较小，私募股权、政府引导基金支持不足。据统计，截至2021年年底，青岛市拥有基金624只，基金规模达到1296.02亿元；济南市拥有基金410只，基金规模达到1015.19亿元；烟台市拥有基金68只，管理

---

[1] 李强.潍坊市科技服务业发展现状与对策研究[J].潍坊学院学报,2020（3）：8-10.

基金规模达到 217.39 亿元。潍坊市 2409 家科技型中小企业中，仅有 13 家得到私募股权投资，融资额达到 3.77 亿元；仅有 13 家获得政府投资基金支持，投资额度为 1.7 亿元。潍坊拥有私募股权、创业投资基金管理人 19 家，仅为全省总量的 3.65%，远低于青岛（44.8%）、济南（29.03%）、烟台（5.5%）三市。

金融机构与企业之间信息不对称是造成企业融资难、融资贵的重要原因，如潍坊市产业技术研究院自主研发的潍坊市产业科技发现与科创服务平台，拥有知识产权、科技企业、科技人才、科研高校、科技资本等数据库，可对全市科技企业进行科技评级画像，但平台数据与银行业金融机构的数据未实现共享，信息利用率有待提升；同时，潍坊市各类创投机构、投资基金及银行保险证券机构在支持科技企业发展上多为单打独斗，缺乏联动合力，需要探索建立有效的市场运营机制。

（六）科技政策保障落实不到位

潍坊市委、市政府出台了一系列支持创新发展的政策措施，但部分部门单位认识还不到位，政策落实过程中存在"打折扣"的现象。部分县市区对企业科技创新的扶持力度不够大，对潍坊市鼓励创新的政策措施不配套，奖励兑现未能完全落实到位；市、县本级财政科技经费投入不足，甚至没有专项投入，科技人员配备严重不足，这些都制约了创新能力的提升。

济南、武汉、南京等城市均在科技创新领域实现了重大政策性突破，如济南出台新"科技十一条"，设立每年 5 亿元的重大创新平台专项经费，用于支持重大技术创新服务平台建设；武汉经济开发区推出人才强区政策"黄金十条"，对战略科技人才给予最高 1 亿元资金资助；南京出台"科技九条"，推动科技人员离岗创业、在职创业，鼓励在校大学生休学创业。潍坊市对科技创新的支持力度则相对较弱，有待进一步提升。

二、提升科技创新能力助推高质量发展的建议

(一) 加大财政科技投入力度

建议潍坊市委、市政府统筹考虑，逐步增加市本级财政科技经费投入力度，尽快达到全国科技进步先进市市本级财政科技经费投入占财政支出1.4%的法定要求。针对财政科技投入引导作用发挥不够、政府研发投入较少的问题，可采取设定目标、建立考核评价体系等举措强化引导作用[1]。将各县市区财政对研发经费的投入作为测算安排科技专项资金、工业和信息化发展专项资金等专项资金的重要因素之一，引导各县市区财政增加研发经费投入。

借鉴上海市级财政科技投入专项优化整合的先进经验，建立统一的市级财政科技投入信息管理平台，加快实施资金数据实时共享和高效监管，着力解决投入分散、重复交叉等突出问题，增强市县两级财政科技资金配套使用的实效。改革政府科技投入方式，明确规定政府各类现金奖励及事前、事后补助计入企业对应的研发项目中[2]。建议统计、教育、科技、医疗卫生等部门加强协调，统一研发投入统计口径与标准。

(二) 增强高新技术产业开发区创新辐射效应

建议加快推动潍坊国家高新技术产业开发区创新资源集聚，引进培育高层次创新人才，建设高水平科技创新平台，加强关键核心技术攻关，强化科技成果转移转化，不断提升高新技术产业开发区创新能力，着力解决高新技术产业开发区支撑能力不足问题。

围绕加速产业集聚发展、壮大战略性新兴产业、加快产业优化升级、

---

[1] 张丽，孙智勇，陈巧林. 郑州市R&D经费投入问题与对策[J]. 创新科技，2019 (8) : 66-71.

[2] 储节旺，李振延，吴蓉. 激活创新主体，打造安徽科技创新策源地[J]. 安徽科技，2022 (5) : 10-13.

优化创新创业生态、培育创新企业群等方面，加快发展壮大高新技术产业，着力解决高新技术产业开发区"不高""不新"的问题。强化支持高新技术产业开发区利用区内外优质科技资源，促进科技成果转移转化，鼓励以高新技术产业开发区为主体整合或托管区位相邻、产业互补的各类工业园区、开发区、镇街等，打造更多集中连片、协同互补、联合发展的创新共同体，加大推动开放创新力度，着力解决高新技术产业开发区辐射有限、合作不深的问题。

（三）完善产学研用协同创新机制

针对潍坊市高等院校、科研院所协同创新不足、科研水平和层次不高等问题，建议各县市区健全完善公共服务平台，进一步强化产学研用协同作用。学习借鉴上海研发公共服务平台、南京市科技成果转化服务中心的成功经验，整合全市科技创新共享服务平台，鼓励中小微企业用申领到的创新券自主购买加盟该平台的高等院校和科研机构科技服务，以加强产学研对接，提高科技资源利用率和科技成果转化率[1]。

充分发挥科技投资基金的杠杆作用，把有限的资金真正用于孵化器等创新平台建设，实施推广市科学技术局与县市区共投风险基金、合作建设创新平台模式，大幅提升创新平台的研发能力和水平。建议市委、市政府出台文件，加大科技成果转化后期补助，对针对性、应用性、创新性强的转化成果加大扶持力度，引导科技成果与市场的有效结合。

（四）推动科技金融生态发展

推动优化科技金融服务，借鉴广州市印发的《关于新时期进一步促进科技金融与产业融合发展的实施意见》出台相关政策，联合高等院校、协会联盟等共同打造科技金融智库，联动创投活动、科技论坛活动等打

---

[1] 张丽，孙智勇，陈巧林.郑州市R&D经费投入问题与对策[J].创新科技，2019（8）：66-71.

造科技金融峰会品牌。

加强平台建设，打破信息壁垒，建议政府部门学习借鉴深圳的"政府+市场"模式，加大互联网信息技术资金投入和研发力度，设立潍坊市征信服务公司，构建集央行征信、地方征信、互联网征信等为一体的多元化征信服务体系。强化政府引导基金投向管理，充分发挥其投早、投小、投科技的牵引带动作用，借鉴青岛市出台的《青岛市进一步支持打造创投风投中心若干政策措施》制定相关政策，鼓励行业骨干企业、创业孵化器、产业（技术）创新中心、金融机构等相关主体在潍坊发起和参与设立创投风投机构。加快发展私募股权基金，建议市金融监督管理局、财政局、科学技术局高度重视创新资本的发展和监管，引入长期资金，重视私募机构非资金面的作用，努力破解实现技术突破、产品制造、市场模式、产业发展"一条龙"的转化"瓶颈"。

（五）强化科技创新政策保障

建立健全重大任务部门会商机制，进一步压实责任，细化科技政策实施的绩效考核及相关结果的应用。对市委、市政府出台的支持科技创新的政策文件以及高新技术企业税收优惠、企业研发费用加计扣除等优惠政策加大督导检查力度，建议每半年对有关职能部门和县市区进行一次专项督查，确保强化科技创新各项政策不折不扣落到实处。

建议市委、市政府修订完善加大科技研发投入的专项扶持政策，在原来政策的基础上加大政府资金对企业科技创新的扶持力度，特别是对重点行业、重点领域、重点企业加强政策倾斜。优化政府业务流程，加快财政科技资金拨付速度，力争做到企业申报成功后资金尽快拨付到企业对应账户[1]。针对政府职能部门组织协调监督不够、落实效果不好等问题，建立健全部门协作机制，为企业科技创新提供保障。

---

[1] 张丽，孙智勇，陈巧林.郑州市R&D经费投入问题与对策[J].创新科技，2019（8）：66—71.

第三章 以"一县一品"工程赋能潍坊乡村振兴

第一节 农产品品牌与"一县一品"的价值

一、农产品品牌的价值

原产地产品之所以形成一种消费者公认的正宗性,是因为在众多的同类产品里它既有该类产品被消费者认同的共性品质,又有超于同类产品的优秀特性品质。"土"意味着从一方水土中找乡土资源;"特"意味着打造特色、具有独特竞争优势的产品;"产"意味着遵循产业发展规律来建产业,打通产业链条。品牌是一种认知,农产品品牌天然具备超级认知的基因,因为一方水土养一方人,一方水土出一方物产,区域特产天然具备独特的、不可复制的认知基因,地标特产正是打造农产品区域公用品牌的最佳沃土。

品牌建设是实现乡村振兴的重要抓手。2021年3月1日,《中华人民共和国政府与欧洲联盟地理标志保护与合作协定》正式生效,首批"上榜"的中欧各国100个地理标志即日起受到保护。然而,实现中欧互认、进入互认名录,只是取得制度上的认可和法律层面的保护,入围地理标志的产品即将面对的是市场竞争的物竞天择和大浪淘沙。中国地标特产拿到地标互认的"入场券"之后,真正要交出的是产品与品牌价值这张市场"答卷"。

二、山东省特色农产品现状

总的来看,山东省各地特色产业的发展尽管取得了诸多成绩,但大多数仍处于初级阶段,还面临着规模小、布局散、链条短,品种、品质、品牌水平较低等诸多挑战[1]，尤其是在资源开发、生产经营、城乡供需和市场流通中，普遍存在特色资源挖掘不足、买卖信息不对称、产品质量难保障、生产消费成本高、农业农民收益少，以及有资源无特色、有特色无产业、有产业无产品、有产品无品牌、有品牌无效应，品牌化、标准化、规模化、产业化水平低，发展不平衡、不协调、不充分等突出问题。也有的原本很好的特色品牌，却因为受到假冒伪劣、无序竞争等不良环境影响，而没有得到应有的促进、保护和利用，以致几近消失。

这些问题都要通过"一县一品"工程的系统化赋能得到有效解决，改造提升"老字号"，深度开发"原字号"，培育壮大"新字号"。其中，"一县一品"的营销重点就是要"用智启动市场，用力拉动市场，用情激活市场，用品征服市场"。

用真心做珍品，发展生态农业、健康农业，是实现乡村振兴的有效途径。要实现乡村振兴，推动乡村产业高质量发展，重点在于彰显特色、产业融合、优化布局、联农带农。不论是什么产品、什么服务，在每一道工序中去探究其工艺的独特要求，才能领略原产地产品独特价值的含金量，才能让消费者感受其不同地域人文的超值享受。消费升级、文化赋能，让更多的消费者更直观地感受"一县一品"的魅力，是农产品特色化发展的大趋势。

第二节 "一县一品"工程概述

一、"一县一品"工程的提出

"一县一品"工程是中国信息产业商会农业互联网分会2019年4月25日正式启动的利民惠农工程，平台建设以深化"农业互联网+"的发

---

[1] 乔金亮. 推动乡村产业高质量发展[N]. 经济日报，2023-02-17.

展模式倾心打造线上、线下两大平台，以数字赋能农业智能化发展，提升三农综合效益与产业竞争力。潍坊作为全国农业创新高地，迫切需要构建专业性农业科技综合信息平台，助力产业提升。

"一县一品"已被国家作为一个品牌概念写入有关政策和战略部署，并纳入国家知识产权系统，作为一个品牌名词来进行保护使用和监督管理。为此，"一县一品"也将遵循"政府引导、企业主体、市场运作、开放包容、创新驱动、品质取胜"的原则，以国家授权使用"一县一品"引领全国县域公用品牌建设。习近平总书记早在福建宁德任职时就探索形成了"一县一品"的发展道路。时任宁德地委书记的习近平同志打破常规，召集地委、行署班子成员和9个县委书记专门到屏南偏远的大山里举办了一期读书班，重点对发展"一县一品"进行了深入交流和系统总结。

"郡县治，天下安"。县是连接城市与乡村的关键节点，县域是我国社会治理和经济发展的基本单元。县域经济是以县城为中心、以乡镇为纽带、以农村为腹地的行政区划型区域经济，是国民经济的重要组成部分和基本运行单元，是"以工补农、以城带乡"的最佳桥梁，是乡村社会稳定与发展的关键所在。农业主要集中在县域，农村主体分布在县域，农民多数生活在县域。发展县域经济是乡村振兴的必由之路。乡村要振兴，产业振兴是基础前提和重中之重。乡村产业振兴必须依托县域经济来支撑、来配套、来带动。巩固脱贫攻坚成果，全面推进乡村振兴，加快农业农村现代化，其中的重要内容就是发展县域经济，提高县域经济的特色化水平和竞争力，而品牌打造是最主要的抓手。

品牌是企业乃至国家综合实力和核心竞争力的具体体现，是赢得世界市场的重要资源，尤其是在统筹扩大内需和深化供给侧结构性改革，加快构建"双循环"新发展格局过程中，推进县域经济发展，加快乡村产业振兴，必须培育县域特色产业，打造县域核心品牌。"一县一品"工程的及时推出，是恰逢其时、众之所盼。当前全国商务系统正在全力打造县级商业中心，并综合配套电子商务（或称"电商"）建设，也是其中之意。"一县一品"工程的实施为深化潍坊"三个模式"发展，打造"优县、优品、优游"的乡村振兴齐鲁样板，赋予了持续发展的新内涵。

二、"一县一品"工程的内涵

"一县一品"工程的核心内涵在于，改造提升"老字号"、深度开发"原字号"、培育壮大"新字号"。一县一品"的"县"有双重含义：一是指县域范围，二是指县级政府。"品"也有双重含义：一是指主导产品，二是指公用品牌。每个县至少打造一个特色产业品牌[1]。"一县一品"工程将协助入选"一县一品"的特产企业，实现供给质量创新、彰显特色创新、产业融合创新、优化布局创新、联农带农创新，开发多种功能，挖掘多元价值，强龙头、补链条、兴业态、树品牌，推动产业全链条升级，增强市场竞争力和可持续发展能力。许多"老字号"也将在"一县一品"工程的系列化推动中，在品种、品质、品牌、标准、市场开拓、产品营销等方面得到持续提升。

当前，农产品流通交易基本形成了生产端、流通端、销售端的三段式格局。其中，中间批发商由于衔接产销两端，掌握市场信息和销售渠道，在农产品交易中获利最高。据调查，在农产品产业链价值分配上，生产端、流通端、销售端3个环节的成本占比分别为56%、18%、26%，而利润占比分别为26%、43%、31%。生产端这种成本收益的严重倒挂问题，一方面严重挫伤了生产企业和农民的生产积极性，另一方面使得消费市场上出现劣品驱逐优品的现象。农业供给侧改革的终极目标是提高产品溢价，增加农产品市场的总利润；然而，仅使供给产品的质量提升，并不能增加农产品市场的总利润，还需要降低中间流通端的制度成本，提高供给的效率[2]。

---

[1] 李岩，王志军，杨明升.农业供给侧改革中"一县一品"发展策略研究[J].农产品质量与安全，2017（1）：83-86.

[2] 李岩，王志军，杨明升.农业供给侧改革中"一县一品"发展策略研究[J].农产品质量与安全，2017（1）：83-86.

"一县一品"是对"一村一品"的升维,有利于创新农业生产组织模式,打造县域农业经济发展新引擎。另一方面,从已有经验教训来看,在村—乡镇—县市区的组织架构中,乡镇处在中间环节,是撤并变化最大的;同时,随着城镇化的快速推进,村这一级变化也较大,都不如县市区稳定,在政策上会更有接续性,对特色产业的发展也更为有利。从长远来看,县一级才是统筹城乡协调发展的关键枢纽,"一县一品"比"一村一品"更符合中国发展的实际。

"一县一品"策略可以使产地品牌农产品直连销售端,将传统模式下的中间流通端利润更多地留在生产端。乡村是生产端,有足够的利润才能留住人才,形成乡村产业发展良性循环,从而实现真正的乡村振兴。"一县一品"工程的实施,可以倒逼农业治理从管产品向管品牌转变,从管农户向管企业转变,从部门"自治"向社会共治转变。

第三节　潍坊"一县一品"工程实施现状

一、潍坊"一县一品"工程建设进展

"一县一品"工程的实施旨在推动乡村振兴,让农民富起来、让生活更美好。该工程着重解决买卖双方信息不对称的问题,实现消费者与地方特色优质产品无缝对接,为消费者提供品牌与品质双保证的地方特色优质产品;重塑区域共用品牌,使农民实现真正创富;实行"农业+旅游业"双产业驱动,带动地方经济增长。潍坊一县一品信息产业有限公司是中国信息产业商会农业互联网分会"一县一品"工程唯一指定的全国运营服务商,承载"一县一品"工程的具体实施,主要规划建设线上和线下两大平台。

（一）线上平台建设进展

线上平台主要以"一县一品"工程官网、公众号、小程序、服务号、App 科技网络手段为载体，以"优县、优品、优游"三大板块为突破口。截至目前，线上平台已顺利完成官网、公众号、小程序、服务号、App 1.0 版本等线上平台的搭建与测试，官网备案，EDI（增值电信业务－在线数据处理与交易处理）、ICP（增值电信业务－互联网信息服务）经营许可证等均已办理完毕；2856 个县市的部分初级基础数据录入工作已经完成，具备了全国招商及服务运营的一切条件。目前已与潍坊市产品质量检验所签订战略合作协议，为入驻产品进行全方位检测把关，为产品质量进行保驾护航；同时，正在进行潍坊及其他地区的招商洽谈工作。

（二）线下平台建设进展

线下平台着重建设传媒、培训、博览、科研、商务、流通六大中心，涵盖文化传媒传播、人才培养输出、展览科普签约、会议研讨商务、科研培育创新、仓储中转物流等多维发展渠道。

"一县一品"工程传媒中心与济南·中关村信息谷、潍坊中关村信息谷签订了战略合作协议，充分利用济南·中关村信息谷 1000 平方米直播基地建成区级"网红"团队，为"一县一品"工程商家进行直播带货。计划建设 500～800 平方米"一县一品"直播基地，为入驻商家提供优质电商供应链、主播运营孵化、商户运营培训等全方位服务。同时，为当地产业龙头企业、产业协会等孵化培养自媒体专业人才，助力当地产业转型升级和渠道革新。

培训中心与科研中心、玉泉洼生态观光园达成初步意向，充分利用其现有农业专家、膳食营养专家和培训学校资源进行合作，于 2023 年开展第一批乡村农业互联网学员专业培训；与潍坊学院确立合作关系，创办教学实践基地，在专业实践、实习实训、人才培养等方面开展深度合作与交流。博览中心、流通中心和商务中心将结合潍坊恒信拉昆塔温德姆酒店、钧瀚国际大酒店等现有资源，举办中国"一县一品"信息产业大会、中国"一县一品"博览会等活动。

二、以"一县一品"打造"优县、优品、优游"面临的问题

（一）品牌影响力弱，特色产品竞争无优势

目前，我国部分"一县一品"注册商标或产品认证品牌的知名度和竞争力相对较弱，无法形成品牌效应；多数运营主体的资金、能力等有限，对品牌建设的整体运转能力不强，缺乏整体规划，也制约着"一县一品"产品的营销。很多本地品牌产品在品牌建设上力度尚显不足，企业品牌意识淡薄，未能将主流产品进行质量和品牌建设，导致缺乏核心产品，缺乏品牌卖点，产品销售多是裸装、简装或贱卖。

（二）农业产业化层次偏低，产业链条有待延伸

在促进特色产业发展的过程中，产品研发、产业培育、特色产品推广合作、特色农户生产、特色产品加工、生产和销售等方面并未形成有效闭环，发展规模及区域集中程度均未达到现代化农业的标准和要求。由于缺乏强有力的龙头企业引导，农产品转化增值力差，农业经济效益低，又因为深加工产品种类较少，导致农业产业化水平偏低，无法形成完整的产业链。

（三）科技创新能力弱，专业化人才缺乏

目前，各涉农区农业产业发展仍然受限于农业从业人员匮乏、年龄老化、新型职业农民力量不足等问题[1]，农业从业人员结构失衡，专业性

---

[1] 市政协农业和农村委员会.注入发展新动力 探索振兴新路径[J].联合时报，2019-12-03.

人才缺乏，农业专业技能薄弱，经营管理理念匮乏，新理念、新技术、新模式推广运用受限，从而无法与"一县一品"的发展需求相匹配，阻碍了都市现代绿色农业的发展。

（四）新平台上线启动难度大

"一县一品"工程是综合型利民惠农工程，汇聚全国知名品牌，囊括优县、优游展示推介，优质线上平台的技术研发与资源建设非常复杂，平台上线目前仍面临招商人员不足、知名度不够、制度不完善、融资难度大等问题。平台建设前期资金投入高，效益要在平台正式运营半年至一年后才能显现，建设过程需要一年至两年，期间企业研发、运营费用较高，推广、营销需求较大，与各部门的对接频繁，需要各级政府与相关部门的积极配合与大力支持，才能确保平台的高品质建设与高效率运作。

第四节 以"一县一品"工程打造"优县、优品、优游"的建议

一、打造优质品牌，赋能"优县、优品、优游"建设

从品牌形象定位、全套 VI（品牌视觉识别系统）设计、企业官方网站、小程序开发、App 开发、巨量媒体赋能、创业人物访谈等维度提供新媒体品牌赋能服务，全方位打造优质地标特产、名优特产、功能产品与特色新品。

工程实施以"优县、优品、优游"三大板块为突破口，"优县"聚焦全国 2856 个县、市、区，进行区位优势、历史厚度、人情风貌、营商环境、政策优抚、政府服务等的宣传推介；"优品"针对地理标志性优质产

品、知名品牌产品、区域特色名品、政府规模化发展的新品等进行宣传推广和销售交易，形成以品促销和经济拉动；"优游"主要衔接推介优质农业示范区、区县乡村景点、田园综合体、特色民俗民宿等，着力扩大影响、提升客流、促进增收，实现"优县与优品同在，真品与臻品同台，美食与美景同行"。

二、发挥线下平台优势，赋能农业高品质发展

充分发挥"一县一品"平台服务优势，强化品牌赋能、公信力赋能，进一步拓展 B 端（面向企业用户的互联网产品）、带动 C 端（面向个人用户的互联网产品），实施订单农业，拓展跨境贸易，推进产品标准化，助力农业产业振兴。

充分利用传统媒体、新媒体、人才三大传媒资源，助力县域品牌升级，提升县域品牌价值。结合乡村需求汇聚业界名师，开展主题培训，为乡村振兴培养输送新科技专业人才；以全国地理标志产品为抓手，建设区域标志性展览馆，打造特色产业博览园；以创建品质和健康两个研究院为依托，建设科学种养和健康膳食相结合的服务平台。推进商务中心与流通中心建设，积极承办全国学术论坛、会务服务、内外贸商务活动，健全商务合作平台与一站式流通服务平台，形成汇聚"吃住行游购娱"于一体的综合化农业品牌。

三、树立行业标杆，赋能全产业链品牌体系建设

建议围绕省级现代农业重点产业链和各地特色产业链建设，支持入驻平台的龙头企业担当"链主"，在规模化标准化种养基地建设、现代种业创新发展、农业设施升级改造、农产品加工及冷链物流等环节和领域谋划重大项目，参与全产业链相关标准制定，建立和完善产品质量标准体系和可追溯体系，加快构建以区域公用品牌为引领，以企业品牌、产

品品牌为支撑的产业链品牌体系[1]，提升企业规模化、绿色化、科技化、现代化发展水平。

四、农业数字化转型，赋能现代化农业发展

我国农业数字化市场潜力可期，农业企业重塑产业生态、降低成本、提高效率，实现数字化转型升级迫在眉睫。

"一县一品"工程可从五大维度快速转型，全面赋能农业产业链数字化：一是创新农业科技，缩短研发周期，提高创新成功率；二是变革生产方式，实现智能化、柔性化生产；三是重构企业运营，提升企业运营效率，降低企业成本；四是优化用户体验，满足用户多种场景需求；五是创新营销方式，赋能企业打通全渠道营销链路。

五、深化政企合作，赋能乡村振兴新模式推广

在"一县一品"工程实施过程中，建议积极对接各级政府，联合对入驻企业进行帮扶。一是强化政府认知。充分认识到"一县一品"这一国家级大数据平台建设的重要性与紧迫性，结合工程开展实际情况给予政策扶持、资金帮扶等方面的大力支持，积极帮助企业申请科技创新政策，引导企业加强新技术应用，促进产业转型升级。二是加快平台内容整合。在平台资源汇聚整合、平台招商推广等方面，建议相关部门积极协调、对接、推广，为工程实施提供必要的支持。三是引导资源适当倾斜。建议相关部门借助国家乡村振兴、富国强民政策积极向省和国家有关部委、局办沟通推介项目，以县为面推进产业发展，以"品"为点壮大农村集体经济，做好优质服务，积极推动农业项目落地实施，支持整合更多资金、技术、人才资源参与乡村振兴行动。

---

[1] 艾永华.我省八大举措支持农业产业化龙头企业发展[N].陕西日报，2022-07-06.

第四章 以"三个模式"建设助推潍坊乡村振兴

第四章 以"三个模式"建设助推潍坊乡村振兴

第一节 潍坊国家农业开放发展综合试验区建设实践

潍坊国家农业开放发展综合试验区是国务院在 2018 年 8 月 31 日批准设立的、全国唯一的农业开放发展综合试验区,由中华人民共和国农业农村部(以下简称农业农村部)等 20 个部委与山东省人民政府共建,潍坊市具体组织实施[1]。潍坊多年来的农业发展实践证明,只要抓住时机大胆创新,完全可以在一些重点领域和关键环节率先取得突破。潍坊市在农业农村体制机制方面进行积极探索,率先走出一条有中国特色的农业现代化和社会主义新农村建设的路子,为全国农业开放发展提供了示范和借鉴。

一、潍坊国家农业开放发展综合试验区建设优势

(一)良好的区位优势和资源禀赋,适合发展现代农业

潍坊农业和农村在整个经济体系中占有较大比重,具有良好的区位优势与资源禀赋,以及良好的发展契机,适合发展现代农业。

第一,良好的区位优势与资源禀赋。潍坊市地处山东半岛中部,地形以平原和低缓丘陵为主,北临海,南有山,属于暖温带季风区,具有适合农林牧渔多类型农业发展的良好地理、气候条件,自古以来就是农业生产比较发达的地区之一。全市陆地总面积 1.61 万平方千米(约 2415 万亩),其中耕地面积 1169 万亩(1 亩≈ 0.0667 公顷),占陆地总面积的 48.4%,基本农田 1036 万亩,占耕地面积的 88.6%,是全国粮食作物、水产品的重要产区和蔬菜、畜产品的主产区。

---

[1] 刘弋瑗. 夯实产业之基 筑牢返贫防线 [N]. 中华工商时报,2020-10-20.

第二，潍坊农业和农村在整个经济体系中占有较大比重。2011年年底，农业增加值占全市GDP的比重达到10.1%以上，高于全国水平。乡村人口总数达到697.6万人，占全市总人口的76.8%，乡村从业人员总数为369.9万人，占全市总人口的40.7%，是中等城市和小城镇带动大农村发展的典型代表。

第三，良好的发展契机。全国现代农业发展规划将黄淮海平原列为重点推进区域，将环渤海地区定为率先实现区域，潍坊正处于两大区域的中心地带。潍坊市全域被列入山东半岛蓝色经济区国家战略，下辖的寒亭区、寿光市、昌邑市是黄河三角洲高效生态经济区国家战略的重要组成部分。地处国家现代农业发展规划重点区、先行区，同时具有"蓝黄两区"国家战略叠加，为潍坊加快实施农业现代化创造了得天独厚的优势条件。

（二）坚实的农业农村基础，适合推行农业现代化改革

基于多年的发展积累，潍坊农业具有以下突出特点。

第一，优势产业突出。农林牧渔各类产业均在全国具有重要地位，其中蔬菜、畜产品优势尤为明显。2011年，全市蔬菜总产量为1130万吨，出口量占全国蔬菜出口总量的10%；猪牛羊禽肉总产量为135万吨，出口量占全国猪牛羊禽肉出口总量的33.3%。

第二，种植养殖水平较高。全市建有农业科技示范园区144个、标准化养殖园区3460个。优质农产品基地规模达到520万亩，标准化种植区面积达500万亩，园区化经营面积达214万亩，分别占总耕地面积的44.5%、42.8%、18.3%。全市共拥有优质农产品品牌1604个，其中1290个农产品取得无公害、绿色和有机食品认证，认定"三品"基地507万亩。

第三，农产品加工企业规模大，市场竞争能力强。全市规模以上农业龙头企业已发展到2980家，实现年销售收入1050亿元，国家级和省级农业重点龙头企业数量分别为12家和77家，拥有诸城外贸有限责任

公司、得利斯集团（诸城）贸易物流有限公司、潍坊乐港食品股份有限公司、昌邑新昌食品有限公司等一批品牌企业，形成了千亿级的畜产品加工产业链，基本形成了有主导产业就有龙头带动的格局。

第四，农产品商品率高。全市拥有各类农产品交易市场162处，其中年交易额过亿元的有26处。寿光蔬菜、昌乐西瓜、安丘姜蒜等十大产地批发市场年交易额都在10亿元以上，其中寿光蔬菜批发市场年交易额超过30亿元，蔬菜电子交易市场交易额达到300多亿元，是全国最大的蔬菜交易中心、价格形成中心和信息交换中心。

第五，农业发展水平在全国处于领先地位。2011年全市农民人均纯收入为10 409元，比全国水平高出3432元。综合农业机械化率达到90%，农业科技成果转化率为56%，分别高出全国水平35.5%、16%。

（三）持续不断地创新探索，积累了有益的改革经验

潍坊市委、市政府历来高度重视改革创新，一直将其作为实现经济社会发展目标任务与思路举措的重要支撑和保障之一。自20世纪80年代开始，潍坊在农村先后实施了商品经济大合唱、"贸工农"一体化等一系列改革；20世纪90年代初在全国率先开展了中小企业股份制改造；1992年在全国率先提出发展农业产业化，2001年，中华人民共和国财政部（以下简称财政部）、中华人民共和国农业部（以下简称农业部）等八部委在潍坊市召开全国农业产业化现场经验交流会议，推广潍坊经验。2008年年底，山东省委、省政府将潍坊市确定为深化经济体制综合配套改革试点市，潍坊市以综合配套改革试点为契机，推动农业农村改革不断深化。

第一，农村生产经营制度不断创新。加快发展农民专业合作社，探索发展农民专业合作社联合社、土地股份合作社、经济专业合作社等新型农村合作经济组织，提升了农民的组织化程度，推动了农业的标准化生产和规模化经营。全市共发展农民专业合作社8425家、联合社87家、土地股份合作社119家、村（社区）经济专业合作社101家，农户入社

率达到 38.5%，农民专业合作社注册资本金超过 100 亿元。

第二，农村产权制度改革取得较大进展。对农村土地承包经营权、农村宅基地使用权、农村集体资产股权、集体林权确权登记颁证，明晰产权，促进流转。全市有 26 个村开展农村土地承包经营权确权登记试点，集体林权证到户率达到 95% 以上，农村宅基地使用权证发放 159 万余本，有 611 个村完成了农村集体资产股份制改造。

第三，农产品质量安全保障体制不断完善。创造了农产品质量安全的"安丘模式"，并在全国推广。"重点从源头控制和农产品标准化基地建设入手，打造符合国际质量标准要求的农产品种植养殖区域。农产品质量安全区域化建设已覆盖全市 85% 的种养区，安丘农产品成为全国初级农产品的国家标准"。[1]

第四，农村金融体制改革不断深化。市、县两级农村合作金融机构已全部改制为农村商业银行。农村资金互助社、小额贷款公司、村镇银行等新型农村金融机构得到快速发展，全市分别发展到 448 家、45 家、5 家，数量居全省首位。在全国率先开展了农村土地承包经营权、集体林权、农村住房、蔬菜大棚、海域使用权等抵押贷款，累计发放贷款 38.3 亿元。

第五，农村基层治理机制不断创新。按照"多村—社区"模式，全市规划建设了 906 处农村社区，探索了村企共建、异地搬迁等不同形式的农民集中居住区建设模式，为创新农村基层治理机制创造了条件。先行试点的诸城市撤销了所有行政村，选举产生社区党委和居民委员会，实现了以行政村为单元的传统社会管理向以社区为单元的现代社会管理转变。

第六，城乡一体的公共服务机制不断完善。依托农村社区平台，在社区中心村建设社区服务中心，推动医疗卫生、社区警务、灾害应急、生态环卫、文化体育、人口计生、就业社保、社区志愿者等公共服务进

---

[1] 刘曙光. 加快推进农业现代化长征. http://blog.sina.com.

社区，打造起"2公里·半小时公共服务圈"。实施中小学标准化建设工程，探索联盟化办学，通过政策引导城区优质教育资源向农村流动，带动农村教育水平提升。推动市、县、镇、村（社区）医疗机构纵向联合组建医疗联合体，促进城市大医院优质医疗资源下沉。实行城乡环卫一体化管理，环卫一体化覆盖率达到70.2%，让农村居民享受到与城市居民一样的环境保洁服务。

二、潍坊国家农业开放发展综合试验区改革重点

（一）创新农业经营制度

建设"中国食品谷"，以"中国食品谷"带动农产品加工企业、种植养殖基地和园区集群化发展。"中国食品谷"涵盖整个潍坊市市域范围，主要是在潍坊市城区北部规划建设"中国食品谷"核心功能区，并分别规划建设寿光蔬菜种子谷、诸城肉类食品谷、安丘出口农产品标准化基地和峡山有机农产品生产加工基地等外围功能区。核心功能区主要定位于打造高端食品企业总部中心、食品产业创新研发中心、食品产业物流中心、食品产业交易中心、食品检验检测中心"五个中心"，目标是努力把"中国食品谷"打造成面向全省、辐射全国、走向世界的高端优质绿色食品研发、物流和生产基地，使潍坊成为优质、安全、放心食品的领跑者。

（二）创新农村经济组织制度

大力发展农村合作经济组织。对集体统一经营层面，大力发展经济专业合作社；对家庭承包经营层面，引导村民成立土地股份合作社；对仍然从事农业生产的农民，鼓励其加入农民专业合作社（联合社）[1]。改革的目标是通过"三社"的发展，推动农业生产经营向"户必入社、业必归会"方向发展。

---

[1] 刘曙光. 深化农业改革 激发农村活力. http://news.ifeng.co.

（三）创新农产品质量保证制度

潍坊市从以下几个方面创新农产品质量保证制度。

第一，建立农业化学投入品登记备案制度，建立信息化管理平台，对高毒农业化学投入品实行连锁经营、定点销售。第二，整合各级公益性农业检验检测机构，提升检测能力和水平。以企业为主，引入市场化机制，发展第三方检验检测机构。第三，完善农产品质量安全执法体系，在农业执法领域实行部门联合执法的基础上，借鉴城市管理的经验，探索在农业领域实行相对集中行政处罚权改革。

（四）创新现代农村金融制度

潍坊市从以下几个方面创新现代农村金融制度。

第一，深化完善农村合作金融机构银行化、股份化改革，提升服务"三农"能力。第二，发展更具活力的新型金融机构和资金互助组织。重点扩大村镇银行、小额贷款公司试点范围。探索发展农村资金互助组织，通过财政支农资金资助等方式，以村或农民专业合作社为单位开展农村资金互助合作。第三，继续扩大农村有效抵押物范围。大力推行农村土地承包经营权等用益物权抵押融资，将抵押物范围扩大到林权、海域使用权、旅游景点承包经营权、商铺经营权、知识产权及商标专用权等八大类、22项，完善农村担保体系，使农民有更多的贷款抵押选择途径。建立政府性偿贷风险补偿基金，降低银行业务风险。第四，成立潍坊市民间借贷登记服务中心，引入民间借贷中介机构和配套服务机构，形成民间借贷服务市场，为民间资金供求双方进行直接借贷交易提供登记、公证、评估等综合服务。

（五）创新农业科技制度

潍坊市从以下几个方面创新农业科技制度。

第一，健全公益性科技研发推广机制。完善集科技网站、诊断视频、咨询电话、现场服务为一体的农业科技"110"系统，打造公益性农业科技信息服务平台。第二，创新农民培育机制，探索实行"培训券"制度，把培训选择的自主权交给农民；鼓励龙头企业、农民专业合作组织开展农民培训。第三，建立市场化的农业科技研发应用机制。鼓励农业龙头企业进行科技创新，围绕支柱产业组织生产企业、科研机构、高等院校等组建技术创新战略联盟。创新种苗产业培育机制，建设市级"综合种质资源库"，支持农业骨干企业开展商业化种苗研发。加快中国（寿光）蔬菜种子产业基地项目建设，努力形成蔬菜良种研究、繁育、加工、销售"一条龙"的新格局。

（六）创新农村产权制度

潍坊市从以下几个方面创新农村产权制度。

第一，加快农村集体资产股份制改造，完善法人治理结构和监管机制，保护农民合法权益，确保集体资产保值增值。第二，开展农村土地承包经营权确权登记颁证，试行农村土地承包经营权长久不变。第三，建立农村产权流转交易平台和集体资产资源公开招投标制度，探索物权流转新路子。通过以上举措，进一步促进农村市场要素流转，激发农村活力。

（七）创新城镇化发展制度

加快小城镇建设，走农民就近市民化的路子。第一，创新镇域发展体制。按照"能放则放"的原则，加大扩权强镇力度，增强镇级发展自主权。大力发展区域重点镇，探索用开发区模式推动发展。配强领导班子，科学设置内设机构。在财政、金融、土地等方面实行支持政策，鼓励加快发展，为其他小城镇发展提供样板。第二，创新集中居住区建设方式。在充分尊重群众意愿的基础上，积极推进农村社区集中居住区建设。利用城乡建设用地增减挂钩政策，级差地租更多地用于安置农民，降低农民搬迁新居和居住的成本。创新集中居住区建设方式，探索政府主导、市场化运作的多元化投入机制，通过集中居住区建设把城镇化的末端由城镇延伸到社区。第三，积极推进户籍制度改革。结合农村产权制度改革，让农民带着权益进城，同时享有城镇居民同等的公共服务保障。对自愿退出宅基地和承包地的农民，制定相关的退出机制和补偿办法，解除农民向城镇转移的后顾之忧。

（八）创新农村社会管理制度

潍坊市从以下两个方面创新农村社会管理制度。

第一，建立以农村社区为单元的新型治理机制。健全以党组织、自治组织、社会组织、经济组织、公共服务机构为重点的农村社区组织体系，完善党组织领导下的农村社区自治机制，全面推行社区党务公开、社区自治事务公开、社区财务公开和社区服务公开的"四务公开"，实行社区事务党委（总支）初议制管理、联席议事制管理、事务决策听证制管理、事务公开办理制管理和社区民主评议制管理的"五制管理"。第二，建立市县两级市民投诉集中受理中心。以信访局为主体成立市民投诉集中受理中心，对派驻人员进行统一管理。规范办理流程，建立监管评价体系，形成统一受理、办理快速、监督有力、服务到位的投诉办理机制，畅通群众诉求渠道。

（九）创新农村公共服务制度

潍坊市从以下几个方面创新农村公共服务制度。

第一，健全农村社区化公共服务机制。完善社区公共服务中心功能，建立农村社区信息化管理系统，实现农民需求一站式办理。建立社区工作人员、经费的长效保障机制，探索实行"政府购买岗位、社区聘用人员"的用人机制和"权随责走、费随事转"的农村社区事务承办机制。第二，推动社会事业城乡统筹发展。推进学校发展共同体、集团化办学、组建教育联盟等办学改革，建立各类教育资源向农村学校和城镇薄弱学校倾斜的机制。依托医疗联合体，加快形成"分工合作、分级诊疗、上下联动"的医疗服务模式，加快提升基层医疗卫生水平。创新基层公益文化事业发展机制，运用市场化机制在镇驻地打造文化综合服务广场，完善小城镇功能。第三，实现社会保障的城乡一体化。整合管理经办机构，加快建立城乡一体化居民基本医疗保险制度，努力创造条件，不断提升覆盖全部城乡居民的社会养老保险水平。

三、潍坊国家农业开放发展综合试验区建设目标与重点

山东省把潍坊国家农业开放发展综合试验区建设作为全省新旧动能转换"3+1"重大项目重点推进，潍坊把潍坊国家农业开放发展综合试验区建设作为市级重点项目举全市之力推进，确保一年全面起势、三年大见成效、五年形成样板。

（一）潍坊国家农业开放发展综合试验区建设的总体目标

潍坊国家农业开放发展综合试验区坚持世界眼光、国际标准，立足山东优势、潍坊特色，通过3～5年努力将农业开放发展综合试验区打造成全国农业开放发展引领区、农业科技创新先行区，以及农村一、二、三产业融合发展示范区，创新一批支撑现代农业发展的新技术，打造一批深度融合发展的新产业，培育一批具有强劲发展活力的新业态，形成一批新旧动能转换的新模式，为全国农业对外开放和现代农业发展提供新样板、新经验[1]。

（二）潍坊国家农业开放发展综合试验区的总体布局和功能定位

潍坊国家农业开放发展综合试验区涵盖潍坊全域，包括核心区和辐射区，核心区规划面积达120.9平方千米，其中南区面积111.32平方千米，北区（保税北区）面积9.58平方千米。核心区以外的区域为辐射区。

核心区搭建农业科技研发、集成创新和成果转化的高端平台，发展高端农业与现代食品产业、农业高新技术产业以及农产品国际贸易、现代物流、跨境电子商务等产业；建设农业先进国家技术合作示范基地；引进

---

[1] 农业农村部、山东省人民政府关于印发《潍坊国家农业开放发展综合试验区总体方案》的通知.中华人民共和国农业农村部网站，2018-09-13.

商贸流通、信息咨询、检验检测认证、农业研发等方面的国内外一流机构，消化吸收国际先进经验、技术、标准和模式，着力打造农业及食品产业创新（研发）中心、品牌展示中心、物流配送中心、检验检测认证中心、农业和食品产业大数据中心及其产业总部基地。辐射区承接核心区先行先试成果，与核心区配套联动，着力在产业融合、农业开放、农村综合改革等方面创新发展，扩大示范效应，推动新旧动能接续转换[1]。

（三）潍坊国家农业开放发展综合试验区建设的重点内容

潍坊国家农业开放发展综合试验区建设的重点内容有以下几项。

一是聚焦新技术。通过建设现代蔬菜种业创业创新基地、全程全面高质高效农业机械化示范区、国际农业与食品产业科研基地、农业技术与人才国际交流合作基地，增强农业发展动力。

二是聚焦新产业。通过延伸境外农业产业链，建设国际农产品冷链物流基地、打造国际性农业和食品展会，挖掘农业发展潜力。

三是聚焦新业态。通过建设国际智慧农业示范基地、乡村旅游园区和乡村旅游度假区、生态循环农业基地，拓展农业发展功能。

四是聚焦新模式。通过探索建立与国际标准接轨的食品农产品质量安全监管模式，开展国际金融、农村产权、农产品现货交易、食品农产品检验检测国际互认、鲁台贸易通关便利化等模式创新，探索农业发展新路径。

（四）潍坊国家农业开放发展综合试验区建设的重点任务

潍坊国家农业开放发展综合试验区建设的重点任务有以下几个。

第一，着力抓好八大平台建设。一是加快北京大学现代农业研究院建设，通过基础研究与应用研究相结合，加快应用生物与现代农业技术研发，促进科技成果转化。二是推进全国蔬菜质量标准中心建设，建成

---

[1] 农业农村部、山东省人民政府关于印发《潍坊国家农业开放发展综合试验区总体方案》的通知. 中华人民共和国农业农村部网站，2018-09-13.

达到国际先进水平的质量评价中心、标准体系建设中心、国家品牌培育中心和信息交流中心，推动农业高质量发展。三是加快推进中国（潍坊）食品科学与加工技术研究院落地建设，逐步建立知识产权交易中心和中试试验中心，为产业发展提供技术、人才和平台支撑。四是提升完善食品农产品技术转移转化平台，搭建技术转移转化和科技创新合作平台，促进农业国际技术合作交流、科研创新及成果转化。五是提升完善大数据平台，开展数字农业试点，加快物联网、人工智能、区块链等技术集成应用。六是加强中国绿色食品协会花生专业委员会建设，开展花生蛋白等特医食品研究和生产加工等，形成集种质研发、植物保护、仓储物流、农机、农用物资等产学研一体的花生全链条产业。七是打造国际冷链物流平台，进一步拓展"中国食品谷号"铁路冷链班列市场，形成面向全国、联通"一带一路"沿线国家的生鲜农产品集散大动脉[1]。八是加快建设潍坊食品农产品技术性贸易措施研究评议基地，针对国外技术性贸易壁垒及时提出贸易关注，帮助出口企业及早提出防范应对措施。

第二，加快推进核心区五个重点项目建设。一是加快推进国际种子研发集聚区建设，规划研发孵化、成果展示、体验互动、中外农业展示等主题片区，建设先进的国际蔬菜育种研发平台，打造国际种业创新创业基地。二是加快推动中国农创港建设，将中国农创港建设成为农业开放发展综合试验区创新创业基地，打造以大数据驱动的农业产业服务集聚区及"金贸工农一体化"的潍坊模式，助力潍坊市乡村振兴与对外开放。三是规划建设乡村振兴世博园，建设乡村振兴总部基地、齐鲁样板乡村振兴展览馆、"一带一路"农业博览园等，打造农业农村创新发展示范区、全国乡村振兴和农业科技成果转化总部。四是加快推进高端食品加工产业园建设，依托国家农业开放发展综合试验区优势农业产业，开

---

[1] 山东省人民政府办公厅关于潍坊国家农业开放发展综合试验区建设的实施意见[R]. 山东省人民政府公报，2019-02-20.

展食品农产品精深加工，提高农产品附加值，打造全国特医特膳食品基地。五是加快推进农业孵化培训中心建设，加快实施新型职业农民培训计划，培养一批掌握先进技术、熟悉国际规则的现代农业带头人[1]，为国家农业开放发展综合试验区建设提供可靠的职业人才支撑。

第三，积极推动四个产业园区建设。一是加快推进国家现代农业产业园技术集成示范区建设，加大互联网、物联网等信息技术应用力度，发展智慧农业、生态循环、高端设施农业，打造集科研、种植、品牌运营于一体的高端化现代农业样板工程。二是积极推动中日韩现代高效农业示范园落地建设，规划建设日韩现代高效农业种植园、日韩食品农产品加工产业园区、中日韩现代农业展示体验中心，打造现代农业开放合作典型样板。三是推动潍坊日本高端果蔬基地落地建设，与日本农业协同工会合作，完成日本高端果蔬的品种选定、规模规划、基地设计、土壤测定、选址和基础建设等事项，将日本优质的种子、技术、人才和标准引入潍坊。四是加快建设国家农业开放发展综合试验区滨海现代农业（畜牧）产业园，重点培育"进境肉牛"产业，充分利用国际国内两个市场、两种资源[2]，打造全球肉牛"良种引进+扩繁养殖+精深加工+展示交易"全产业链。

第二节 "三个模式"成为乡村振兴新标杆

一、潍坊"三个模式"建设的内涵

潍坊是全国闻名的"米袋子""菜篮子""肉案子""果园子"和"种子库"，拥有国家农业开放发展综合试验区、全国蔬菜质量标准中心、北

---

[1] 潍坊国家农业开放发展综合试验区总体方案获批.凤凰网山东, http://sd.ifeng.com.

[2] 潍坊国家农业开放发展综合试验区总体方案. https：//wenku.baidu.

京大学现代农业研究院等一批"国字号"重大创新平台，农业改革发展的"诸城模式""潍坊模式""寿光模式"三个模式[1]，被习近平总书记多次肯定。

"诸城模式"是商品经济大合唱、"贸工农一体化"、农业产业化和农村社区化等的具体实践，主要解决农业生产、加工、流通脱节的问题。"潍坊模式"是潍坊各地农业农村改革创新经验的集成，突出农业产业化经营，创新农业生产的组织形式、经营方式和运行机制，着力解决农户分散经营与大市场之间的矛盾。"寿光模式"则是蔬菜产业的生产、销售、技术、会展和标准输出等环节的创新经验的集成，主要解决蔬菜生产产业化的问题。"三个模式"的经验在于，创新了农业产业化的内涵和形态，实现了产业化发展由量变到质变的突破；尊重群众和基层的首创精神，实现了顶层设计与基层执行的良性互动；注重体制机制创新，实现了有效市场与有为政府的有机结合；践行包容性增长理念，努力实现全面共同富裕；促进"三个融合"发展，努力实现乡村全面振兴[2]。

2021年4月18日，中国农业科学院、潍坊市人民政府在京联合发布《潍坊市创新提升"三个模式"打造乡村振兴齐鲁样板先行区实践报告》，系统梳理了"三个模式"的演进与内涵，为乡村振兴齐鲁样板先行区建设提供了典型理论和实践样本。

二、科技创新赋能现代农业发展

以科技赋能现代农业发展，潍坊走在了全国前列。潍坊市17家企业上榜全国农业龙头企业500强，全国唯一的农业开放发展综合试验区落户潍坊，全国蔬菜质量标准中心、全国畜禽屠宰质量标准创新中心、国家现代农业产业园等一批"国字号"重大平台建成，"中华预制菜产业第

---

[1] 冷虹雨.潍坊市人才发展环境优化对策研究[J].科技经济市场，2022（9）：116-118.

[2] 瞿剑.总书记点赞的潍坊"三个模式"有何深意[N].科技日报，2021-04-20.

"一城"建设全面起势，北京大学现代农业研究院致力于打造全国现代农业科技"硅谷"和世界知名农业科技成果研发转化平台。潍坊现代农业山东省实验室将进一步带动全省存量，加强与海南省崖州湾种子实验室对接，立足潍坊市、山东省农业科技优势，冲击国家实验室。

潍柴雷沃重工股份有限公司（以下简称雷沃重工）"山东省智能农机装备技术创新中心"获省科学技术厅批复建设，"工厂化农业关键技术与智能农机装备"重点专项被列为省新旧动能转换重点项目。建成山东寿光国家农业科技园区和潍坊（青州）农业科技园 2 个国家级农业科技园，创建 11 个省级农业科技园；已有 11 家"星创天地"获科技部批准建设，37 家"农科驿站"获省厅批准建设，推广先进农业技术 1000 多项；新建 16 个示范农科驿站，开展农技培训 900 多场次，受益农民数量达 6690 人次。

全国第一个预制菜产业名城花落潍坊，目前潍坊市预制菜市场主体发展到近 2000 家，居全国第 3 位；预制菜生产企业发展到 900 多家，年食品加工能力达到 1600 万吨，潍坊市将依托全国蔬菜质量标准中心、全国畜禽屠宰质量标准创新中心、浙江大学诸城高品质肉研究中心等创新平台，重点开展功能性、便利性、保健性预制菜品研发[1]，提升预制菜产业核心竞争力。

截至目前，潍坊农业科技进步贡献率达到 67%，高出全国平均水平近 7%；国产蔬菜种子市场占有率达到 75%，组建设施蔬菜等产业技术创新战略联盟 21 家。

三、以"三个模式"推动现代农业发展

2018 年 8 月 31 日，国务院批准潍坊建设全国唯一的农业开放发展综合试验区。2021 年 7 月，北京大学现代农业研究院在潍坊峡山生态经济

---

[1] 邵光耀. 打造"中华预制菜产业第一城"潍坊确定路线图 [J]. 走向世界，2022（22）：14–17.

开发区正式建成投用。这一项目经过6年孕育、3年建设方才落地，致力于打造全国现代农业科技"硅谷"和世界知名农业科技成果研发转化平台，以及以研究院为依托建设的潍坊现代农业山东省实验室，让业界为之侧目。

寒亭区引进的海水稻项目，建成海水稻三产融合发展示范区。2021年10月28日，袁隆平青岛海水稻科研团队研发的海水稻在农业开放发展综合试验区完成产量测评，2021年该示范区2.51万亩海水稻平均亩产691.6千克。和2019年的536千克、2020年的625.3千克相比，亩产创下新高，实现三连增。

种子是农业的"芯片"。山东省华盛农业股份有限公司（以下简称山东华盛农业）自主选育的"秀玉170"西葫芦种子产量高、抗病性好、整体植株长势旺，打破了国内蔬菜种业长期受制于"洋种子"的窘境，并将种子反向出口国外，让"洋蔬菜"带着"中国芯"种植在国外土地上。在国家政策、金融、海关等方面的支持下，山东华盛农业先后成功培育萝卜、白菜、西葫芦、西瓜、黄瓜、辣椒等16类蔬菜优质品种共计300余个，基本实现了进口品种替代化，年销售各类蔬菜良种300多吨，产品累计示范推广1亿多亩，带动蔬菜种植农户近40万户，实现社会经济效益6000多亿元。

实施"互联网+现代农业"，推动现代信息技术与农业生产、经营、管理、服务加快融合，建设大数据平台，是潍坊农业不断突破提升、始终走在前列的关键。安丘智慧农业三产融合大数据中心是全国首个县级"空天地一体化立体感知"现代化农业数据平台，该平台通过大数据分析融合能够精准掌握农业生产情况，科学判断农产品价格趋势，打通"种产加销"全产业链，有效推动三产融合。在中国（寿光）蔬菜小镇，企业自主研发蔬菜品种，玻璃温室实现了水肥一体化智能管理、环境精准调控、天敌昆虫生物防治，农民用手机就能实现绿色种菜、精准种菜，与传统的日光温室相比，土地利用率能提高30%以上，生产效率能提高

50%以上。目前，全市已建成智能化大棚3万多个，发展智慧农场100个、智慧牧场100个、智慧园区50个，现代农业的内涵得到极大丰富。

第三节 以"三个模式"提升助推乡村振兴战略实施

一、"三个模式"的创新发展

"潍坊模式"的创新发展体现为"五个创新提升"，即创新产业发展方式，提升农业质量效益和竞争力；创新城乡融合体制机制，提升乡村宜居宜业水平；创新系统化治理体系，提升生态环境质量；创新基层治理模式，提升乡村善治水平；创新成果共享普惠机制，提升农民富裕程度。"诸城模式"的创新提升体现为"'三区'共建共享"，即坚持产业为要，建设特色生产园区；坚持宜居为本，建设新型生活社区；坚持绿色为基，建设优美生态景区；坚持融合发展，深入推进共建共享。"寿光模式"的创新提升体现为"三全三融"，即推动产业全链条融合，打造农业现代化示范区；推动城乡全要素融合，打造乡村振兴齐鲁样板先行区；推动治理全领域融合，打造乡村治理现代化样板区。

二、科技创新赋能乡村振兴

潍坊市实施一系列工作举措，通过科技创新赋能乡村振兴。

第一，强化农业园区建设。充分发挥各类农业科技园区的示范带动作用和集聚作用，依托农业科技园区推动一、二、三产业融合发展，引领发展。已建成黄河三角洲农业高新技术产业示范区（辐射区）1个，山东寿光国家农业科技园区和潍坊（青州）农业科技园区2个国家级农业科技园区。山东寿光国家农业科技园区通过项目实施建立"试验→核心示范→辐射示范→推广"的逐级扩大型科技服务和推广体系，园区现拥有技术研发平台 11 个，承担国家、省科技项目 30 多项，推广国内外相关技术 80 多项、新品种 60 多个、新模式 20 多种，每年组织培训 150 多场次，培训农民 9000 多人次，学习考察人数多达 100 多万人次。已建设青州、昌邑、高密等省级农业科技园 11 个，积极推动寿光省级高新区升建为国家级高新区。

第二，加快新型农业服务平台建设。星创天地、农科驿站等是集农业科技研发推广、科技精准扶贫、乡土人才培养等功能于一体，推动农村大众创业、万众创新的新型服务平台。目前，潍坊市已有 11 家"星创天地"获科技部批准建设，孵化企业 30 多家，备案"坊子区稷丰农科驿站"等 75 家农科驿站。坊子区玉泉洼星创天地通过互联网、移动 App 等新媒体，开展即时信息查询和农技服务，为农民提供技术培训，帮助农村群众解决农业生产中的技术难题，充分掌握技术要领。寒亭朱里街道农科驿站为贫困村提供农业技术服务、组织培训、测土配方施肥以及发放科技教材、书籍、农业报刊等，帮助农民脱贫致富。

第三，深化农业科技交流与关键技术研发。潍坊市不断加大与美国、荷兰、以色列等农业科技强国的国际合作，开展现代种业、节水农业、农副产品深加工等方面的合作研究，加快建设中美食品与农业创新中心、水产遗传育种中心、中荷农业（食品）创新中心和北京大学现代农业研究院，创建一批国际科技合作园区和基地。寿光蔬菜产业集团、山东华盛农业分别在荷兰、泰国建立育种研发基地，从技术竞争、未来技术和了解世界先进技术发展动向上实现企业战略目标，同时在人才交流、技术合作上实现优势互补。最大限度争取上级资源，山东省寿光市三木种苗有限公司、市农业科学院、山东华盛农业均承担省农业良种工程项目，推荐雷沃重工承担中国科学院 STS 计划（科技服务网络计划），承担山东省重点研发计划（公益类）25 项。支持企业提升自主创新能力，推动产业升级发展。加快农业人才培养，潍坊市已获批科技部创新创业人才 2

名、泰山产业领军人才工程高效生态农业创新类专家 8 名，备案科技特派员 400 余名，成立 23 个科技服务队。

三、"三个模式"提升助力打造乡村振兴"潍坊模式"升级版

按照习近平总书记"给农业插上科技的翅膀"的重要指示，潍坊市通过科技创新驱动和质量效益拉动，引领潍坊农业从"汗水"农业向智慧农业转变、从产量大市向质量强市转变，在农业农村现代化进程中走在前列。

潍坊市将"预制菜"技术创新纳入乡村振兴行动，启动"预制菜"技术创新中心建设。支持种业科技创新，支持企业像山东华盛农业西葫芦一样在细分领域、某个品种做大做强。支持雷沃智能农机示范工程做大做优大型农机，发挥龙头带动作用带动小型农机发展，完善整个产业链条。加大潍坊现代农业实验室、省牧院、职业学院等院企的整合力度，在农业科技创新上发挥引领作用。集聚优势科技资源，注重做好科技与农业、农村和农民的结合，重点实施乡村振兴科技创新提振项目、农业科技创新工程、农业良种工程、园区提升工程、创新平台建设、农业科技成果转化和人才引进等工作，有力助推全市现代农业发展进程。

"全国农业看山东，山东农业看潍坊"。下一步，潍坊将抓住新机遇，不断提升技术创新和研发能力，通过科技的融合助推，继续助力农业保持行业"领跑"地位，为全面实施乡村振兴战略提供强力支撑。

第五章　潍坊市乡村振兴实践案例

第一节　安丘市乡村振兴典型案例

一、安丘市以农业开放发展引领乡村产业振兴

（一）安丘市乡村振兴的建设背景

安丘是全国蜜桃之乡、姜蒜之乡、草莓之乡、樱桃之乡和桑蚕之乡，拥有农产品加工企业400多家，年产优质农产品460多万吨。自2007年开始，在全国率先推行农产品质量安全区域化管理，严把"源头控制、过程监管、产地准出、市场准入"四道关口，从根本上确保农产品的质量安全，被原国家质量监督检验检疫总局概括为农产品质量安全"安丘模式"，并在全国推广。虽然安丘市农业发展取得了一定成绩，但仍存在产业大而不强、产品多而不优、三产融合不深、科技支撑不足、整体竞争力不强等短板。

为解决制约农业发展的"瓶颈"问题，安丘市进一步健全完善农产品质量安全监管机制，在过程管理、标准提升上下功夫，不断放大比较优势，夯实产业基础；聚焦发展外向农业，引导企业统筹用好国内国际两个市场、两种资源，主动融入新发展格局；突出产业融合发展导向，突出抓好龙头项目、特色园区建设，加快构建现代农业产业体系、生产体系和经营体系，为农业农村现代化奠定坚实基础；围绕提升农业综合效益目标，把农业科技人才摆在更加突出的位置，大力发展新产业、新业态、新模式，为现代农业发展提供强有力的科技人才支撑。

通过一系列工作举措，安丘市农业产业基础进一步夯实，农产品质量安全的"金字招牌"越擦越亮，对外合作水平得到全面提升，成功入选全省第一批农产品出口产业集聚区。

（二）安丘市乡村振兴的建设举措

近年来，安丘市率先探索实施出口农产品质量安全区域化管理，实行最严厉的食用农产品"合格证＋二维码"追溯制度，严把"源头控制、过程监管、产地准出、市场准入"四道关口，加上"同质同标同线"等典型做法，用出口标准统筹国内外两个市场，擦亮了安丘安全优质农产品"金字招牌"。

1. 坚持绿色导向、标准引领，擦亮优质安全"金字招牌"

安丘市通过以下举措坚持绿色导向、标准引领，擦亮优质安全"金字招牌"。

一是管源头。对农业投入品实行告知备案、连锁直营、联合执法"闭环管理"，保持严打违法违规行为的高压态势，实现投入无违禁。

二是提标准。研究制定六大类、40多个农业标准综合体，推广实施33个良好农业操作规范和200多项技术标准，逐步形成以国家行业标准为主体、与国际标准接轨的农业标准体系。积极申请国家食品质量安全认证以及HACCP（危害分析及关键控制点）、JAS（日本有机农业标准）、BRC（英国零售商协会）、IFS（国际食品标准）等国际认证，"安丘大姜""安丘大葱"被纳入欧盟地理标志产品认证范围[1]。

三是抓准出。全面推行以"食用农产品合格证＋二维码追溯"为主要内容的农产品产地准出管理机制，提升市级食品农产品检验检测中心，对重点主体、重点品类全覆盖，实现产地准出与市场准入有效衔接。加强"双随机、一公开"检查，每年完成县级以上农产品抽检8000批次以上，合格率达到99.9%，全力保障群众舌尖上的安全。

四是树品牌。积极引导农业经营主体争创名牌商标、名优产品，"三品一标"农产品品种发展到484个，其中国家地理标志产品8种。聘请元一智库农研中心，提炼打造"安品味来"区域公用品牌，提升产业素

---

[1] 郭彩玉. 实现安丘市农产品出口逆势上扬的对策探讨[J]. 现代商业，2022（23）：12-14.

质和品牌溢价能力。

2. 坚持放大优势、拓展市场，融入国内国际双循环

聚力精准服务，推动农产品"走出去"。2020年、2021年连续两年成功举办出口农产品博览会（见图5-1），打造出口农产品信息交流、市场对接、品牌推广的服务平台。做实政策服务，刚性落实各类减税降费政策，印发支持企业发展的政策实施细则，及时兑现省"稳外贸稳外资32条"，为企业减免税费1.3亿元，切实降低企业运行成本。强化保障服务，制定财税支持、稳岗返还、就业社保补贴等9条硬核措施，派出"驻企联络员"解读惠企政策，解决用工1.03万人次，办理续贷31.6亿元，增强企业发展内生动力。持续创新推行"乡村赋能"工程，累计开设村级店铺1229家，实现销售额1.4亿元，带动村集体增收470万元，村均增收5500元[1]。

图5-1 安丘市成功举办第二届出口农产品博览会

3. 坚持融合发展、丰富业态，提升乡村产业竞争力

安丘坚持融合发展、丰富业态，通过一系列举措提升乡村产业竞争力。

---

[1] 夏德娟.安丘缘何成为世界"菜篮子"？[J].走向世界，2021.（31）：60-63.

一是强化园区支撑。加快推进总投资 120 亿元的安丘农谷科技产业园建设（见图 5-2），引进农谷科技园、农谷物流园、农业技术研究院等配套服务机构，联结带动安丘大姜、安丘大葱等一批特色产业基地，创建为首批国家农村产业融合发展示范园。围绕强链延链补链，加快推进正大潍坊 360 万只蛋鸡、华尔兹禽全产业链等一批价值超过 10 亿元的大项目建设，提高产业融合发展水平。

图 5-2　安丘农谷大厦外景

二是壮大经营主体。制定出台扶持培育新型经营主体发展的意见，突出村级组织牵头、专业大户带头、龙头企业带动、服务组织领办、特色产业衔接五种模式。

三是优化社会服务。积极培育发展社会化服务组织，带动发展规模经营。山东沃华农业科技股份有限公司建设现代化大葱育苗工厂，研发大葱全程机械化核心技术，育苗周期从 60 余天缩短至 45 天，通过自动化采收，降低 50% 的采收成本，实现了大葱种、管、收全程"保姆式"服务。

4. 坚持人才支撑、科技推动，加速现代农业高端化

安丘市坚持人才支撑、科技推动，着力从以下几个方面加速现代农业高端化。

一是加快科技创新增活力。强化农业科技理论研究，与山东省农业

科学院联合成立乡村振兴研究院，联合政府、高等院校、企业共同搭建乡村振兴领域智库型平台。

二是引进科技人才强智力。举办"战疫情、促振兴——科学家与企业家牵手行动"，邀请60余名国家"万人计划"、泰山学者等专家人才来安丘与企业对接，签订合作协议22项，引进农业领域高端技术人才32人。实施在外优秀人才"雁归兴安"工程，回引在外优秀人才返乡创业37人、回村任职26人。

三是强化科技培训挖潜力。深入实施农民培育工程，设立潍坊职业农民学院安丘分院，遴选农民培训基地3处，培育科技示范户800余户。通过"潍坊职业培训网络平台""青桔创课"等线上培训平台培训农村转移劳动者1810人次，为自主创业农民发放创业担保贷款3576万元，加快提升群众增收能力。

（三）安丘市乡村振兴的建设成效

安丘市乡村振兴建设取得了以下成效。

一是网格化监管建立健全。将全市划分为14个监管片区、103个网格、860个关键控制网点，聘任村级食品农产品质量安全协管员1229名，构建起市镇村三级联动的监管网络，筑牢了源头监管防线。

二是外贸服务做优做强。设立安丘农谷国际贸易综合服务中心，提供原产地证书申签发放、电子口岸、海运订舱、进出口通关等"一站式"服务，免费为160家企业办理出口产品信用保险，年蔬菜出口量达到80万吨，出口额近60亿元，占潍坊市蔬菜出口总量的70%、全省蔬菜出口总量的20%以上。

三是合作组织发展壮大。打造国家、省、市、县级龙头企业梯队，发展潍坊市级以上农业龙头企业137家，建立农业专业合作社3114家、家庭农场1285家，年加工农产品270余万吨。鼓励和支持承包土地向新型经营主体流转，实现了分散种植养殖的公司化、规模化、集约化转变。目前，全市共流转土地74.41万亩，土地流转率达到68.97%。

四是农业科技水平提升加强。加强与山东产业技术研究院的战略合作,建设 2000 亩中国大姜产业现代化示范园区,打造国家"大姜产业技术创新中心";建设智慧农业三产融合大数据中心,纳入系统检测、地块、价格、栽植、农户等数据 30 余万条,全面提升了农业智慧化水平。

(四)安丘市乡村振兴的经验启示

安丘市乡村振兴实践获得了以下经验启示。

一是完善质量标准。健全完善农产品质量安全监管机制,加强农业生产过程管理及标准提升,放大比较优势,夯实产业基础,创造产出高效、产品安全的发展局面。

二是实现多方位发展。聚焦发展外向农业,持续强化"同质同标同线"服务供给,引导企业统筹用好国内国际两个市场、两种资源,主动融入新发展格局,全面提高农业对外合作水平。

三是聚焦产业融合发展。突出抓好龙头项目、特色园区建设,加快构建现代农业产业体系、生产体系和经营体系,为农业农村现代化奠定坚实基础。

四是重视农业科技人才。围绕提升农业综合效益,把农业科技人才摆在更加突出的位置,大力发展新产业、新业态、新模式,为现代农业发展提供强有力的科技人才支撑。

二、郚山镇南逯村"党支部+土地合作社"托起强村富民梦

(一)郚山镇南逯村乡村振兴的建设背景

安丘市郚山镇南逯村位于原南逯乡政府驻地,省道 211 线、县道路南路等重要交通干道交会于此。现有村民 399 户、1390 人,党员 43 名,村党支部委员会、村民委员会(以下简称村"两委")干部 4 名,全村土地面积 2350 亩,村民收入以种植大棚西瓜、蔬菜、林果及沿街经商和外出务工为主。人多地少、资源匮乏,耕地资源紧张与村民外出务工引发的农田撂

荒的矛盾突出、土地纠纷不断、集体增收乏力等问题一直困扰着南逯村。

为了突破发展"瓶颈"，为了让村民致富，南逯村（见图5-3）直面多年未解决的土地问题，大胆探索、勇于创新，充分发挥党支部在乡村振兴中的引领作用，推行"党支部＋土地合作社"模式，在化解土地纠纷、促进集体增收、加速结构调整、带动村民致富等方面取得了显著成效。2016年，村集体经济收入达到6.5万元，人均年收入达到1.15万元；而到了2020年，村集体收入达到30万元，人均年收入达到2.3万元，较2016年分别增长了362%、100%。2020年年底，南逯村为1377名村集体经济成员平均发放现金分红680元；全村山岭地面积由826.2亩增加至1379.7亩，增加了553.5亩；水浇地面积由413.1亩增至466.1亩，增加了53亩，乡村发展的综合成效十分明显。

图5-3　省级乡村振兴示范村——安丘市郚山镇南逯村风貌

（二）郚山镇南逯村乡村振兴的建设举措

近年来，安丘市郚山镇南逯村充分发挥党支部的带动引领作用，针对当地人多地少、资源匮乏的现实困境，探索推行"党支部＋土地合作社"模式，走出了"支部领办、土地入股、货币找补、抱团经营"的新路子，激活了农村土地资源，带动了集体增收、村民致富。

1. 探索新模式，农民变"股民"

自 2017 年起南逯村党支部开始探索推进土地合作事宜，成立了安丘市郚山镇南逯村土地股份合作社。在《中华人民共和国农村土地承包法》（以下简称《农村土地承包法》）规定的"30 年不变"的原则下，大胆创新推行"土地确权确股不确地"模式，除荒山、荒沟、荒丘、荒滩"四荒"归集体所有外，其他耕地均按照水浇地和山岭地两个类别进行确权、确股，依据集体经济成员数量和土地总面积分别确定两类耕地的人均面积，土地合作社以每人占有的耕地面积进行确权入股，不确定固定地块作为集体经济成员的承包地。耕地由土地合作社统一定价、统一管理，水浇地每亩每年 600 元，山岭地根据地块、产量、交通及水浇等条件划分为三个等级：一等山岭地每亩每年 340 元，二等山岭地每亩每年 240 元、三等山岭地每亩每年 90 元，根据家庭人口数、人均土地面积和相应等级土地价格实现货币找补。

利用该模式，在土地合作社的统一运营管理下，落实"四议两公开一监督"民主制度，每年对集体经济成员数量进行小规模调整，极大地方便了土地流转和产业结构调整，为加速发展集约化现代农业奠定了坚实基础。

2. 村民自愿耕种，实行货币找补

在"支部领办、土地入股、货币找补、抱团经营"的管理模式下，土地合作社充分尊重村民种植意愿，因地制宜、分类施策，确保土地承包公平合理。

一是针对经商、外出务工以及无劳动能力而选择不种地的家庭，可以把耕地交由土地合作社经营管理，年底支取相应货币找补款。

二是针对有种植意愿的家庭，可以选择根据应占面积的耕地，年底进行土地产量等级找补的经营方式。山岭地采用抓阄分地方式，按照一等地每亩每年 340 元、二等地每亩每年 240 元、三等地每亩每年 90 元的地价，分得一等地的村民需要交钱找补（每亩找补 100 元）。

三是针对有发展种植产业意愿的家庭，村内积极鼓励规模种植和发展瓜菜产业，土地合作社将统筹整合放弃种植和有意向流转的耕地，流转出成方连片的土地交由种植大户发展规模种植，承包费于年底发放给出让土地经营权的集体经济成员。"南逯苹果"于 2018 年荣获潍坊市苹果大赛三等奖，价格获得全面提升，亩产由 1800 千克提升到 3000 千克以上，价格由每 500 克 1 元提升到每 500 克 2 元以上，带动了集体增收、村民致富。

3. 盘活土地资源，力促集体增收

为进一步盘活土地资源，南逯村坚持多措并举、多点发力，充分发挥土地合作社统一经营管理的模式优势，从 2016 年集体收入 6.5 万元增加至 2020 年的 30 万元，彻底解决了困扰南逯村多年的"无钱办事"的难题。

一是招商引资。土地合作模式极大地方便了土地流转和产业结构调整，为对外招商、吸引社会资金发展产业提供了充分空间。南逯村累计引进并落户多家重点企业和种植大户，为山东惠润茂林业有限公司流转土地 1600 亩，为山东合力牧业有限公司流转土地 103 亩，仅此一项村集体就增收 18.5 万元[1]。

二是争取项目。积极对上争取旅游路两侧荒山复垦、砖厂复垦等项目，增加耕地 350 亩。坚持"一把铁尺量到底"，完成全村耕地丈量，清出多占耕地 203.5 亩。

三是宅基地和养殖场清理。对合法宅基地以外的 110 处沿街商铺和 45 处养殖场落实有偿使用措施，按照商铺 3.5 元/平方米、养殖场 1.5 元/平方米的标准收取使用费。仅此一项村集体每年可增收 5 万元以上。

---

[1] 李善金,吕国平,张敬林.乡村全面振兴下"村社一体化"发展问题研究——以"潍坊模式"为例[J].乡村论丛,2021（6）:122-128.

(三)郚山镇南逯村乡村振兴的建设成效

可观的集体收益为村内各项事业发展奠定了坚实的经济基础。一方面,加强了基础设施建设。结合灾后重建,为鲁派民居安置区和二层安置区腾出土地53亩;同时累计投入50余万元,对生产路、道路及桥梁等基础设施进行了整修。另一方面,积极回馈群众和帮扶弱势群体。除利用集体收入为村民分红外,还为70岁以上的老人提供面粉、鸡蛋、生日蛋糕等生活物资,为65岁以上的老人代缴银龄安康保险,为在读学生赞助奖学金或学习用具,定期走访帮扶贫困户,保障贫困居民的基本生活需要,切实改善村民生活品质,极大地提升了村民的幸福感和获得感。

(四)郚山镇南逯村乡村振兴的经验启示

郚山镇南逯村充分发挥党支部的带动引领作用,探索推行"党支部+土地合作社"模式,激活了农村土地资源,带动村集体增收、村民致富,为新形势下的乡村振兴提供了有益启示。

一是打造一支过硬的村级班子队伍。村党支部书记既是党的政策的落实者,更是一个村庄发展的"主心骨",他们的思想境界、胸怀格局、能力素质至关重要。南逯村的发展变化证明,有过硬的村支部书记带领,有一支团结奋进的班子,基层党组织才能够更加坚强有力,才能将全村的党员、群众凝聚在一起,才能更好地壮大村集体经济、带动群众增收。

二是因地制宜盘活土地资源。南逯村党支部充分发挥土地股份合作社统一经营管理的优势,创新开展土地经营、招商引资、争取项目,进行宅基地和养殖场清理,盘活土地资源,力促集体增收。要让"沉睡的资产""零散的资源"焕发新的生机,立足本村的资源禀赋,挖掘土地潜力,找到增收的突破口和关键点。

三是找准村集体经济壮大和群众增收精准结合的路子。南逯村成立了金岭果蔬种植专业合作社,组织37户果农合作经营100亩红富士苹果示范园,壮大了村集体经济,带动了群众增收;同时,积极引进项目落户,"两个增收"实现了多点开花。在引进项目时,要统筹考虑"两个增收",

积极探索方式方法，在壮大村集体经济的同时，抓住群众增收这个关键，从根本上解决群众增收难题。

四是尊重群众意愿，确保公平合理。南逯村在"支部领办、土地入股、货币找补、抱团经营"的管理模式下，充分尊重村民种植意愿，因地制宜、分类施策，确保土地承包公平合理。为确保管理合理合规，该村严格落实"四议两公开一监督"民主制度，利用"阳光议事日"活动定期对村级财务、重大事项等进行公开，每年对集体经济成员数量进行小规模调整，方便了土地流转和种植结构调整，为实现农业规模化奠定了基础。

三、安丘市柘山镇以药山花谷扮靓山野

（一）安丘市柘山镇乡村振兴的建设背景

柘山镇地处安丘偏远山区，全镇地貌多以山地、丘陵为主，地形高低不平，林地及荒山、荒坡面积高达7万亩，且山高沟深、坡度大，自然条件上的劣势严重制约了现代农业标准化基地建设。部分地块处于生态红线区域内，不适宜进行土地整理开发，再加上2018年、2019年安丘市多数乡镇水利设施被"温比亚""利奇马"台风带来的暴雨冲毁，山区乡镇的农田水利基础设施受损尤为严重；同时，山区乡镇受自然条件、区位因素、经济条件等影响，公共基础设施相对薄弱，民生事业投入相对不足，部分土地利用程度不高。按照"木桶理论"，乡村振兴的重点在农村，短板却在山区乡村，柘山镇属纯山区乡镇，尚有3万多亩地未发展项目，因此探索实施发展前景良好的综合性基地项目、加快山区乡镇多元化发展迫在眉睫。

药山花谷项目作为安丘市矿区治理样板得到了市委、市政府的高度评价，临朐、昌乐、安丘周边等多个兄弟单位先后6次现场观摩学习，其创新做法分别由《大众日报》、学习强国、《潍坊日报》等媒体刊发。目前，基地金银花已陆续开放，预计年底可为村集体增收8万余元，为群众增收7000元以上，届时可实现生态、社会、经济的"三效合一"。

（二）安丘市柘山镇乡村振兴的建设举措

近年来，柘山镇始终坚持"绿水青山就是金山银山"的发展理念，着力发挥自身优势，注重创新发展模式，聚力打造康养宜居小镇，实现了生态效益、经济效益、社会效益有机统一，为偏远山区实现乡村振兴提供了路径探索。

1. 变废为宝，实现矿坑复绿

镇财政统筹"一事一议"资金约100万元，对原彭家沟村东近100亩矿坑进行填埋复绿，集中栽植黑松、侧柏等绿化苗木，以改善土质、涵养水源，打造一处绿化苗圃基地，供全镇街道、村庄绿化统一调配，实现了露天土地全覆盖的绿化效果（见图5-4）。待镇域协调使用该绿化苗圃后，镇上统一购买金银花等中草药在此耕种，与山东中平药业有限公司签订产品合作协议，前期由该公司负责提供种苗、技术管理指导等，后期回收期间，公司按照即时市场价格、干花品种质量确定回购价格，并承诺当金银花市场价格过低时，以最低保护价70元/千克进行回收，彻底解决了村民销售难的后顾之忧，实现了栽植经济作物与保持生态环境的有机统一。

图5-4 柘山镇废弃矿坑生态修复图

2. 支部领办，实现专人管理

依托柘山镇被评为"潍坊市第一批中医药特色小镇"的有利契机，充分发挥彭家沟村种植丹参、金银花等中草药的历史传统，鼓励引导村党支部领办创办成立彭家沟村中草药种植专业合作社，并新流转土地300亩，首批吸纳周边约100户群众入社，发展金银花种植420亩（见图5-5）。采取"党支部＋合作社＋农户"模式，从种植大户中选取10～15人组建药山花谷基地管理团队，每季度都会邀请合作企业的管理人才到镇开展实地教学活动，每半年组织1次外出参观学习，以此解决社员在栽植管理、成品采摘、自我育苗等环节遇到的技术难题。实现采花后，按最低价测算，村集体可增收8万元左右，户均增收7000元以上。

图5-5 柘山镇中草药种植图

3. 示范引领，实现多面开花

待该区域形成一定规模后，逐步实现自我育苗，供给周边，以彭家沟村为中心向王家沟村、华家宅村、小老子村、南丘家庄等周边村辐射发展,一直延续到摘药山周边,并在山下盘山路段栽植木槿等绿化观光苗木,增添新的亮丽风景线。后期由乡镇党委统一进行项目包装打造,发挥好领导定点包靠、项目牵线搭桥的作用,主动协调诸如潍坊得帮万众农业科技有限公司等的中医药企业投资开发,有序引导土地承包经营权向专业合作社、龙头企业流转,入驻企业可采取众筹共享模式吸引更多投资兴业者就信息、渠道、人脉、营销等方面共同开发乡村,将金银花、丹参、黄芩等精选深加工成饮片、茶等保健产品,远销全省各地,全面提高产品附加值,实现企业、村集体、群众多方共赢。

（三）安丘市柘山镇乡村振兴的建设成效

原先晴天暴土扬场、雨天污泥直流的废旧矿坑如今已成为一处途径摘药山的亮丽风景线,整齐划一的金银花彻底解决了以往矿坑整治与人居环境整治检查的难题。项目北侧新设计了一处400平方米的"红心向党"景观图,全部由红色金银花铺设栽植,成为各地"网红"打卡地,生态效益不断增加。

彭家沟村还专门设立劳务市场,组建一支精通药材栽植、修剪、管护的40人左右的劳务队,选派4名年轻党员分别担任劳务队小组长,以监督规范劳务队行为,确保劳务队出工质量有保证、讨薪方式有保障。村内闲置劳动力可到该区域打零工,日均收益80~90元；参与前期土地流转的农户每年有600元的土地发包收益,为村民提供了一个不出村即可务工的机会。村集体通过收取中介费增加了收入,较好地实现了经济效益与社会效益。

（四）安丘市柘山镇乡村振兴的经验启示

村集体要想发展,关键在于思路清晰、班子团结、党员齐心、群众出力,这样一来任何困难都能迎刃而解。近几年,镇党委、党政府鼓励引导各村积极调整产业结构,并拿出300万元用作推行乡村振兴的引导扶持基金,让想干事、能干事的村有了底气,有了信心与决心；同时,各村通过"阳光议事日""主题党日"等活动拉近干群关系,让村里的想法成为群众的共识,通过外出学习参观、内部资源整合等举措解放了思想、开拓了思路,为有效破解山区乡镇因资源短缺而发展受阻的困境指明了工作方向。

第二节　昌乐县乡村振兴典型案例

一、乔官镇唐家店子村以基层治理新模式推进强村富民

(一)乔官镇唐家店子村乡村振兴的建设背景

昌乐县乔官镇唐家店子村共有221户、840口人,其中有28名党员,耕地面积1120亩,由唐家店子村、大埠前村两个自然村合并而成,省道大沂路穿村而过,是新成长起来的直播村、电商村。几年前,唐家店子村还是一个失信村,由于村集体经济薄弱,无力偿还贷款,甚至上了昌乐县农村商业银行的"黑名单"。新一届村"两委"痛下决心,采取各项措施塑造诚实守信的村风民风。通过不懈努力,唐家店子村良好的村风民风赢得了昌乐县农村商业银行的青睐,通过建立银村合作平台,银行加大了对唐家店子村及村民的信贷支持。

解决了信任危机与资金问题之后,全村积极探索发展模式,确定推行"党支部+合作社+田园综合体"的发展新路径,以农业产业化为支撑,打造番茄王国共享田园综合体,大力发展火山农业,种植的"黄金籽"西红柿成为平台"网红"产品,村集体收入突破30万元,走出了一条乡村振兴的新路。唐家店子村先后被授予"山东省金融服务乡村振兴战略省级样板村""潍坊市先进基层党组织""潍坊市'四德'工程建设示范村居""省级美丽乡村示范村创建单位"等荣誉称号。

（二）乔官镇唐家店子村乡村振兴的建设举措

昌乐县乔官镇唐家店子村打造"党建引领、协商共治、网格管理、产业拉动"的发展新模式，加强村庄治理，充分发挥民主决策优势，开展精细化管理。转变了村庄"失信村"形象，再以"党支部＋合作社＋田园综合体"为引领，以农业产业化为支撑，发展集农业采摘、观光、休闲度假等于一体的番茄王国共享田园综合体（见图5-6），走出了一条乡村振兴的新路，实现了农业发展、农村和谐、农民致富。

图 5-6　唐家店子村番茄王国共享田园综合体

1. 党建引领，强化组织保障

唐家店子村充分发挥党建引领作用，带领村民集中优势资源办大事。在村党支部的带动下，16名党员干部带头发动105户村民实行土地入股，注册了润海土地股份专业合作社、五棵松果蔬专业合作社，引导党员、村民参股、入股，为园区发展集聚了要素资源。村党支部成员先后到菏泽、寿光、五图庵上湖、红河埠南头等地考察学习园区建设、农场管理、大棚建设等先进经验，最终认准了"党支部＋合作社＋田园综合体"这条以发展带动村庄融合，走一、二、三产业融合发展的新路径，带领农民集体致富。番茄王国共享田园综合体是唐家店子村主动融入县、镇产业发展布局的产物，该项目占地2000亩，总投资3000万元，抓住"黄金籽"西红柿这一关键农产品品牌，主要建设餐饮民宿服务区、现代农业种植区和休闲观光旅游区等板块，目前已建设游客接待中心、农事体验区和休闲垂钓园等设施。

2. 协商共治，发挥民主优势

唐家店子村充分发挥村级议事协商管理模式，加强村级组织运行机制建设。充分发挥村务监督委员会、村民会议、村民代表会议作用，推动民事民议、民事民决、民事民办。认真开展"阳光议事日"活动，每月下旬第一个星期三组织全体党员和村民代表集中议事。对村级一般性事项，由村"两委"按照民主公开原则研究提出解决意见，对村级重大事项，按照"四议两公开一监督"进行决策实施。充分发挥民主理财小组和财务监督小组的作用，对村集体经济收入和开支情况进行审核、监督，在阳光议事会上当场解答相关疑问，会后对结果进行张榜公布，给群众一个明白，给自身一个清白。建立阵地公开、会议公开、网络公开、电视公开、明白纸公开"五位一体"公开体系，基层民主得到充分发挥，极大地调动了村民参与村庄自治的热情，为推动产业振兴战略实施创造了条件。

3. 划分网格，实现精细管理

本着精细化、零距离的服务原则，全村按每15~20户划分为1个网格的标准将3个村民小组细分成15个网格，每个网格推选1名网格长，延伸管理服务触角。各网格长由村民小组长直接管理，负责定期入户在本网格内开展政策宣传、教化群众、民意收集、隐患排查等工作，做好上情下达、下情上报，为村民答疑解困。通过网格化管理、全覆盖服务实现了村内"越级上访零发生，邻里关系零纠纷，黑恶霸痞零出现"，有效促进了村庄和谐稳定，群众获得感、幸福感、安全感显著提升。

4. 产业拉动，推进富民强村

为进一步扶持发展壮大村集体经济，在唐家店子村先后落户 100 万元扶持村级集体经济项目和 194 万元镇级扶贫资金蔬菜大棚项目。充分发挥番茄王国共享田园综合体的辐射带动作用，大力引进工商资本，先后通过土地流转等方式引进山东二七一教育科技集团有限公司、安心种苗股份有限公司、县中医院等工商资本，进一步盘活村内资源，建设西红柿采摘观光区、花海果园区、番茄手工坊、无动力游乐区等五大主题功能区，规划树兴农场、神农百草园等基地，发展研学游、产学研等农业新业态，实现了农旅融合、以旅带农，真正为乡村振兴注入了新的活力。2020 年，番茄王国被评为国家 AAA 级景区。2021 年 5 月，举办了首届火山西红柿文化节，吸引游客 5000 余人次。

5. 加大投入，促进民生事业

近年来，村集体投资 3 万余元整修生产路 1000 余米；投资 1 万元在村内主要道路口安装摄像头，实现村内监控全覆盖，有效地提高了村内的安全系数；投资 2 万余元在村内 4 条主干道两侧安装路灯 40 余盏，实现村内"亮化"全覆盖；投资 4 万余元在村内栽植樱花树 500 余棵、冬青 300 余棵等，有效地提高了村内的绿化水平；投资 3 万元实现村内自来水、有线电视等覆盖率达到 100%；在村内喷涂文化墙、修建文化广场、配备健身器材等，为村民提供了休闲娱乐的好去处；积极与上级部门对接，先后争取资金 10 余万元，在村内打机井 4 眼，有效地解决了村内的灌溉水源问题。

（三）乔官镇唐家店子村乡村振兴的建设成效

唐家店子村深入分析自身优势，因村制宜，坚持以"党支部+"为突破口，大力发展和壮大村级集体经济，努力实现富民强村，扎实推进社会主义新农村建设，全村呈现出经济建设加速推进、村民素质显著提高、村容村貌整洁美观、社会治安持续稳定的良好局面。

一是支部威信不断增强。在村党支部的带领下，唐家店子村集体收入不断增加，村民收入不断增多，民生福祉进一步增强，群众生活水平和生活质量不断提高，群众满意度大幅提高，党支部凝聚力、向心力、影响力不断增强。

二是群众收入不断增加。唐家店子番茄王国共享田园综合体抓住"黄金籽"西红柿这一关键农产品品牌，建设了游客接待中心、农事体验区和休闲垂钓园等设施，带动60余户村民创业，提供就业岗位100余个；同时，唐家店子村不断发展新业态、新模式，大力发展电商直播，邀请"网红"到村里开展电商直播培训，目前该村已经培训电商直播50余人，人均增收6000余元。

三是民生福祉不断增强。唐家店子村集体经济项目带动了唐家店子村6户、15人脱贫，全镇325户贫困户、523人也得到了分红。村内基础设施建设实现了监控全覆盖、"亮化"全覆盖，不断增加村内绿化面积，喷涂文化墙、修建文化广场、配备健身器材生活，村民生活质量大大改善，民生福祉不断增强。

四是村庄风气不断改善。唐家店子村"两委"组建的村委诚信宣讲队经常开展诚信宣传教育和培训讲座，组织村民参观诚信经营图片展，引导村民树立"守信光荣，失信可耻"的观念。设立诚信"红黑榜"，引导村民自觉讲诚信、重品行，诚实守信的村风民风得到进一步传承、弘扬。

（四）乔官镇唐家店子村乡村振兴的经验启示

乔官镇唐家店子村乡村振兴实践获得了以下经验启示。

第一，强化党建引领是实施乡村振兴的根本。办好农村和农民的事，关键在党，关键在党组织和党支部书记，要充分发挥基层党组织在实施乡村振兴战略中的战斗堡垒作用，不断增强基层党组织服务乡村振兴战略实施落地的创造力、凝聚力和战斗力。唐家店子村以过硬的党支部建设推动农业发展，积极引进龙头企业共建品牌农业，促进农民和集体双增收，更好地实现了产业引领、集体引导、合作服务、村民共富的局面。

第二，坚持人民民主是实施乡村振兴的关键。民心是最大的政治，推进乡村振兴和社会治理要坚持从人民利益的角度出发，充分尊重群众意愿，激发群众干事创业的积极性、主动性，真正把党组织的政治优势和组织优势转化为发展优势，走强村富民之路。唐家店子村大力推行"党建引领、协商共治、网格管理、产业拉动"的发展模式，极大地调动了村民参与村庄自治的热情，村庄氛围和谐稳定，为实现乡村振兴筑牢了根基。

第三，加快村集体经济发展是实施乡村振兴的保障。农村各项工作的开展只有落实到增进民生福祉上、落实到促进农业农村发展上，让农民享受到更多的发展成果，才能真正得到群众的拥护和支持。唐家店子坚持创新引领，以"党组织+土地合作社"发展集体经济为主路径，成立土地合作社，把集体的资源利用起来，把分散的农民组织起来，大力发展经济，在番茄王国共享田园综合体的辐射带动作用下，一、二、三产融合发展，带动了群众发家致富，得到了人民群众的大力支持，为基层社会治理奠定了经济基础，为夯实乡村振兴提供了基础性保障。

二、高崖水库库区窝铺村"三生"同步引领推动乡村振兴

（一）高崖水库库区窝铺村乡村振兴的建设背景

昌乐县高崖水库库区窝铺村共有 166 户居民、571 口人、24 名党员，791 亩耕地。村落紧邻美丽的仙月湖，文化、自然等旅游资源丰富，特色鲜明。1959—1961 年，潍坊市昌乐县组织广大党员干部群众修建了被誉为昌乐人民"生命库""经济库"的高崖水库，当时位处水库底部的窝铺村等 19 个村进行了整村搬迁。自迁村以来，直到 20 世纪 80 年代，虽然

该村依山傍水，拥有高质量的自然生态环境，但由于交通不便，该村一直是名不见经传的小山村，村民以地瓜、花生等常见农作物为种植主业。20世纪80年代初，退伍军人张纪国任窝铺村村支部书记，在高崖水库库区（当时叫"白塔镇"）辖域内最先引进芋头种植，经过几十年持续的产品研发和种植技术创新，不但让窝铺村成为远近闻名的芋头产业带头村、示范村，也让高崖水库库区成为江北最大的绿色有机芋头生产基地，被评为"中国芋头之乡"，"白塔"牌芋头如今已享誉国内外。

有了芋头产业的支撑，窝铺村村民的口袋富了起来，但窝铺村"两委"一班人和全体村民没有停下奋斗的脚步，始终在乡村振兴这条道路上进行着自觉奋斗。自2017年以来，在高崖水库库区党委的支持下，该村抢抓乡村振兴重大战略实施的有利契机，依托良好的生态环境、深厚的历史文化资源、淳朴的民风民俗等各类资源优势，系统规划建设窝铺田园综合体（见图5-7），打造窝铺民俗文化村，让整个庄发生了翻天覆地的变化，从一个种植作物单一的小山村变为现在经营主体多元、小有名气的旅游村，成为昌乐县美丽乡村的新名片，成为乡村振兴战略在农村基层的生动实践。

图 5-7 窝铺·农技推广试验示范基地

（二）高崖水库库区窝铺村乡村振兴的建设举措

近年来，窝铺村充分发挥良好的地理区位、生态环境和人文资源优势，结合美丽宜居乡村建设，以"农业、农村、农事"为主题，建设"湖光山色、美丽窝铺，山水相依、生态窝铺，钟灵毓秀、人文窝铺，宜居宜业、幸福窝铺"，着力打造"张林红叶、汶水观鱼、花田喜事、仙湖晚眺、西堤烟柳、逍遥水岸、渔舟唱晚、窝铺春色"窝铺八景，使游客体会到"望得见山、看得见水、记得住乡愁"，实现"农村美、农业强、农民富"。窝铺村被评为"全国文明村""山东省文明村""山东省第二批美丽村居试点""山东省休闲农业示范点""潍坊市先进基层党组织""潍坊市美丽移民村""潍坊市森林村""潍坊市乡村旅游标杆示范村""潍坊市AAA景区村庄"。

窝铺村重点规划打造了"1+6"发展板块。

1. 结合美丽乡村建设改造提升人居环境（"1"板块）

在窝铺村入口处建镂空石砖影壁墙，篆刻"窝铺人家"，建设了"美丽窝铺欢迎您"景观。进出村道路、村内大街小巷全部进行了硬化，实现了道路硬化户户通；村内房屋外观统一进行了白墙、砖跺、灰瓦的徽派建筑风格改造，建设了文化墙，修砌了刻有"农业强、农村美、农民富"的景观墙，建了休憩花园，配景观小路，实现了村庄美化；南北及东西主街两侧安装了排水管道，栽植了白蜡、法桐、樱花、石楠、冬青球等绿化苗木，安装了仿古路灯，实现了畅化、绿化和亮化，营造了"小桥流水人家"的优美境界。

为维护来之不易的优美环境，窝铺村落实了环卫一体化长效机制，配备了环卫管理员1名、固定保洁员2名，配备垃圾桶22个，所有生活垃圾日产日清，建设了生活污水处理站。加强村级精神文明建设，修缮村规民约，破除陈规陋习，设立善行义举"四德"榜，倡树文明新风。

2. 以"田园综合体"理念规划建设六大功能区("6"板块)

窝铺村以"田园综合体"理念(见图5-8)规划建设了以下六大功能区。

(1) 综合服务区。该区域建设了"窝铺人家""窝铺民俗文化村"景观大门,建立了游客咨询服务中心和仙月湖绿色有机农产品购物超市,建设了4处生态停车场和3处旅游厕所,提升了服务区的综合服务、旅游集散功能。

(2) 主导产业区。该区域有300多亩的大棚芋头、大田芋头,是窝铺的当家产业,"白塔芋头"申报国家地理标志证明商标已在国家商标网上公示。

(3) 休闲采摘区。该区域主要是建设火龙果采摘棚、奶莓采摘棚和精品葡萄采摘园,可以让游客了解果蔬生长过程,体验采摘收获乐趣。

(4) 创意景观区。该区域主要打造"花田喜事""饮水思源""汶水观鱼"三个景观点。"花田喜事"景观计划发展百合100亩,寓意"百年好合"。"饮水思源"景观是按照缩小版的高崖水库打造的一条水系,寓意全县人民饮上高崖水库的水之后不忘根源。"汶水观鱼"景观养了很多红鲤鱼,与水车、进士亭相呼应,寓意"鲤鱼跳龙门"。

(5) 民宿体验区。该区域主要是建设精品民宿小屋、农家乐餐厅,还有儿童娱乐沙滩,配套小木屋、石碾、射箭、真人CS(生存游戏)体验,让游客可以休闲度假、放松身心,还能采摘青菜、动手做饭,体验田园生活乐趣。同时,对窝铺村内闲置的部分房屋进行适度开发,建设精品民宿群,进一步拓宽村集体经济收入、村民收入渠道。

(6) 文化旅游区。该区域一是张氏文化区。依托马头山子传说重新修复张氏宗祠、进士亭、张林红叶锁单柴等白塔古景。二是打造提升高崖水库陈列馆。深入挖掘当年修建高崖水库时"使命担当、众志成城、锲而不舍、甘于奉献"的高崖水库事迹,通过展示一系列修建高崖水库、南水北调工程、移民搬迁的珍贵老照片、老家什、纪实资料等,再现当年高崖水库建设、南水北调工程及库区移民大义搬迁的场景,赓续优良传统,传承红色基因,激励库区干部扎根基层、无私奉献、干事创业。

图 5-8　窝铺田园综合体

（三）高崖水库库区窝铺村乡村振兴的建设成效

高崖水库库区窝铺村乡村振兴取得了以下建设成效。

一是村集体和村民收入大幅提升。以"党支部＋土地合作社"模式发展壮大"白塔芋头"品牌，以"生态＋文化＋旅游"建设高崖水库陈列馆、窝铺田园农家乐、精品民宿、采摘大棚（园）等，发展乡村旅游。2018 年以来，窝铺村集体每年增收 5 万元，园区大棚种植户户均增收超过 10 万元，园区务工村民人均增收 1 万元左右。

二是村风民风明显改善。目前窝铺村一场白公事较以往能为村民节省 6000 元左右，婚事也减少了不少仪式环节，切实为村民减轻了负担。"厚养薄葬""喜事新办、丧事简办、小事不办"等文明新风获得了村民的认可，赢得了村民的拥护。

三是人居环境品质大有提升。在清除乱搭乱建、乱摆乱放等"十乱"以及清理垃圾堆、柴草堆、粪堆"三大堆"的同时，扎实推进"六化""四德""双改"工程，对进出村道路、村内大街小巷全部进行了硬化、绿化、畅化、亮化、美化、净化，让以往破旧的小山村得以"蜕变"，真正成为宜居宜业宜游的美丽生态村。

四是生态环境持续改善。村东沿湖建设了"杨柳水岸"生态涵养林带,村北建设了"白杨礼赞"生态防护林带,村西发展精品黄桃、油桃等林果产业,村南种植丹参、百合等中草药,同时沿仙月湖种植了紫穗槐、黄鸢尾、蒲子、芦苇,打造生态湿地,有效地保护了环境、洁净了水源,实现了"河畅、水清、岸绿、景美"的目标。

(四)高崖水库库区窝铺村乡村振兴的经验启示

高崖水库库区窝铺村乡村振兴实践获得了以下经验启示。

一是坚持党建引领。乡村振兴关键在党,核心在基层党组织的组织力、执行力。村党委班子成员素质过硬,敢闯敢试,群众基础好,带头改革农业生产结构,推动了整个村庄的转型发展,赢得了党员和群众的拥护。

二是坚持规划先行。窝铺村抢抓乡村振兴战略机遇,坚持生态、生产、生活"三生"同步,围绕"打基础、强功能、树形象",打造"湖光山色、美丽窝铺,山水相依、生态窝铺,钟灵毓秀、人文窝铺,宜居宜业、幸福窝铺",研究确定美丽村居规划设计方案,着力打造"张林红叶、汶水观鱼、花田喜事、仙湖晚眺、西堤烟柳、逍遥水岸、渔舟唱晚、窝铺春色"窝铺八景,实现了村容村貌的整体提升。

三是坚持产业为基。为推动芋头规模化、标准化发展,窝铺村党支部牵头,班子成员和党员带头,成立了昌乐县纪国芋头专业合作社,大田芋头发展到300亩,大棚芋头发展到200多亩,同时依托电商小院及"禾生园农业"等电商平台探索线上销售,市场价格翻了近两番,为村民带来了可观的收益,让农业成为有奔头的产业,让农民成为有吸引力的职业。

四是坚持统筹发展。在推动乡村振兴过程中,窝铺村综合考虑地理位置、生态环境和人文资源等各方面优势,统筹美丽乡村建设,以片区理念打造民俗文化村,以"农业、农村、农事"为主题发展特色产业、建设特色旅游景点,使游客在休闲观光、生态体验、文化感悟中真正"望得见山、看得见水、记得住乡愁",真正实现"农村美、农业强、农民富"。

第三节 昌邑市乡村振兴典型案例

一、昌邑市都昌街道以大姜产业为抓手推进乡村振兴

（一）昌邑市都昌街道乡村振兴的建设背景

昌邑市都昌盛产大姜，素有"姜乡"之称（见图 5-9）。据史料记载，在明代之初，昌邑市都昌街道伍塔村和大营村就有种植大姜的记载，距今已有 500 多年的种植历史。都昌地处潍河下游昌邑段，两岸地域土层深厚、酸碱度适宜，水浇条件较好，适宜大姜生长，该地域生长的大姜外皮金黄，皮薄块大，大小均匀一致，外皮光滑，肉质鲜嫩，粗纤维少，口感脆，辣度适中，姜味浓郁。

图 5-9 都昌街道大姜种植

都昌街道大姜种植面积达3万多亩，是中国北方重要的大姜生产加工基地。2020年当地农民人均可支配收入达到2.7万元，先后获得"潍坊市森林镇""昌邑市市级示范乡镇农产品质量安全监管机构""昌邑市创建全国文明城市重大贡献单位"等荣誉称号。为进一步做大做强大姜这一支柱产业，深入打造"大姜小镇"这一名片，切实增加农民收入，都昌街道着眼长远，充分发挥龙头带动作用，坚持走品牌立业之路，敢于创新种植模式，优势大姜产业强镇已初具规模。

（二）昌邑市都昌街道乡村振兴的建设举措

1. 加快龙头企业创建

都昌街道现有全市最大的两家大姜种植加工企业，分别是山东琨福农业科技有限公司和山东宏大生姜市场有限公司，均为省级龙头企业。

山东宏大生姜市场有限公司始建于2005年，2006年正式运营，占地面积20万平方米，目前已累计投资1.7亿元；拥有洗姜机42台、库房120间、恒温库26个，经营摊位2600个以上，主要经营本地及周边地区种植的大姜、蔬菜、瓜果、水产、粮油、禽蛋、生产资料等，是大型综合性农副产品批发市场，也是农业农村部定点农产品批发市场。该市场建有脱毒生姜原种扩繁基地300亩，繁殖脱毒生姜原种产量达到2400吨。山东宏大生姜市场有限公司是农业农村部的"定点市场"、财政部和中华人民共和国商务部（以下简称商务部）的"全国农产品现代流通综合试点企业"及"山东省'十二五'农产品批发市场省级重点项目""山东省商贸流通先进企业""山东省农业产业化重点龙头企业""山东省守合同重信用企业""山东省文明诚信市场"，也是中国26个特色农产品专业市场之一。

山东琨福农业科技有限公司建立于2011年6月，目前经营着集生产、科研、洗姜、收购、运销"一条龙"服务的大型农产品批发市场。市场占地面积 50 亩，主要经营大姜批发，现有管理人员 23 人，固定资产 2860 万元，保鲜库房 2 万平方米，洗姜机 36 台套，配备有电子台磅、内部招待所等设施，是农业农村部定点农产品批发市场。该市场建有 5 万平方米的交易场所，销售额连续三年突破 8 亿元。2017 年市场投入达 1.3 亿元，新建场地 128 亩，新增洗姜机 40 台。

2. 突出技术研发

山东琨福农业科技有限公司选育的新品种"金昌大姜"，2005 年通过了山东省科学技术厅的技术鉴定，填补了山东大姜新品种选育空白，2006 年获潍坊市科技进步奖，并入选 2015 年度"全国名特优新农产品"目录。该品种深受广大姜农青睐，被广泛选用种植。山东琨福农业科技有限公司获得三项国家专利，分别是一种过滤速度可控的农业污水分离系统、一种农业用泥浆水批量分离净化系统、一种农业泥浆水循环净化与脱水系统。

山东宏大生姜市场有限公司创建了"中华大姜网站"，并在 2013 年经商务部批准成立了昌邑农产品流通与价格研究所；在商务部授权下于 2014 年成立了中国（昌邑）生姜价格指数发布中心，进一步扩大了"昌邑大姜"品牌在国际上的知名度和影响力。"中国昌邑生姜指数网"的"中国生姜指数"以指数形式描述和分析生姜产业发展态势及市场变化趋势，为生姜行业发展提供信息咨询服务，促进了全国生姜产业的健康快速发展，为经济增长发挥了重要作用。山东宏大生姜市场有限公司制定了潍坊市《地理标志产品昌邑大姜供应链管理规范》，规范了昌邑大姜的种植标准、存储标准、运输销售标准，推广了标准化设施设备及新技术应用，健全完善了农产品流通管理。

3. 深化品牌建设

昌邑大姜以历史悠久、面积大、质量上乘而远近闻名，经过多年发展，以此为代表的"昌邑大姜"被核准注册地理标志著名商标，并被评为山东省著名商标，被国家知识产权局商标局批准为中国驰名商标。山东宏大生姜市场有限公司注册的"鲁昌宏大"牌大姜，成为昌邑市第一个山东省知名农产品区域公用品牌和企业产品品牌。2018年，昌邑市宏大大姜种植专业合作社提报的"昌邑大姜"与山东琨福农业科技有限公司提报的"金昌大姜"获得国家绿色食品认证。2019年，昌邑市姜本源种植专业合作社提报的大姜获得国家绿色食品认证。2020年，山东宏大生姜市场有限公司入选2020潍坊高质量发展农业龙头企业30强，同时入选中国农业企业500强前50名。

4. 加速产业升级

围绕进一步做强做优大姜产业，都昌街道致力打好"金融+""智慧+"组合拳，全力推进大姜产业再升级。2021年4月20日上午，全国首家智慧生姜市场管理平台"畅e智慧生姜系统"启用仪式在宏大生姜市场上线。运营平台架构采用银企融合模式，依托山东农村商业银行在农户中的优势基础，使用"一卡一码"管理，"一卡"即银行卡，"一码"即二维码，串联身份信息、货品信息，实现生姜资金交易无纸化。"畅e智慧生姜系统"依托大数据、物联网、视频监控等技术打造智慧产业系统，生姜资金交易实现从有纸化到无纸化转变，为市场、姜农提供了更加便利安全的支付结算渠道，姜农还可以通过系统实时观看市场内交易价格，市场管理方可实时掌握辖区内经纪人交易规模。平台的正式启用将进一步提高大姜市场运营管理水平，实现大姜产销流程信息化、规范化、智慧化，增强产业抗风险能力，有助于充分激发企业、经纪人、姜农发展大姜产业的积极性，强活力、做品牌，扩大产业规模，加速大姜产业创新升级。

（三）昌邑市都昌街道乡村振兴的建设成效

如今，都昌街道逐渐将大姜种植拓展到饮马、石埠、围子等镇街区以及寒亭、平度等县市区，在扩大自身种植面积的同时带动周边群众积极发展大姜种植，辐射面积达20余万亩；同时，由大姜产业衍生的大姜贸易、物流、加工等行业迅速发展，为广大群众增收拓宽了道路。依托龙头企业组建联合体，通过农产品订单收购、按股分红等多元化的利益联结方式，促进一、二、三产业高度融合，带动农民增收、农业增效，提高农民组织化水平；发挥联合体的优势，将大姜新品种及新技术应用推广到户，为农产品稳定种植和收入增加提供了保障。

（四）昌邑市都昌街道乡村振兴的经验启示

都昌街道因地制宜，始终把大姜产业作为振兴农业、致富农民、发展区域经济的主导产业，坚持"绿色、有机、生态、安全"的产业主旋律，使大姜产业步入标准化生产、有机化栽培、产业化经营、品牌化运作的科学化发展之路，目前大力扶持发展大姜深加工产业，进行姜黄素提炼、姜粉加工等大姜深加工作业，实现一、二、三产业深化融合。

通过开展大姜产业强镇建设，结合自然环境、大姜特色产业，充分尊重群众意愿，创新社会管理，以"姜乡"为主题打造特色小镇，同时进行相关村庄美化、大姜示范田道路硬化工程、绿化工程等建设，使农村收入大幅提高，打造"宜居、宜商"的大姜产业强镇。

二、昌邑市北孟镇以村党支部领办合作社推进乡村振兴

（一）昌邑市北孟镇乡村振兴的建设背景

北孟镇位于昌邑市南部，有92个村、7.2万人，是典型的农业镇，基础差、底子薄。近年来，该镇围绕破解村集体经济增收难问题进行了不少有益的探索，但一些深层次问题仍未得到有效解决。

一是村级党组织无钱办事，后劲乏力。多数村无集体承包土地，无集体村办企业，创收增收渠道单一，个别村还依赖上级转移支付资金"过日子"。村集体腰包紧、不宽裕，导致农村基础设施建设、民生事业发展欠账较多。据调研了解，这项工作开展之前，该镇主要利用资源（矿产、土地流转等）获得收益的村有55个，利用固定资产获得收益的村有15个，仅凤瑞埠、小南孟村2个村在利用资源获得收益的基础上采取了入

股分红等办法取得收益。

二是支部威信不高,凝聚力不强。据调研了解,一些村党支部发展经济没思路、缺办法、少平台,自己没底气、说话不硬气,没有真正把群众凝聚起来。与此同时,有的社会组织却与党组织"争人心",部分经济组织与党组织"争影响",削弱了党支部的领导力、号召力。这项工作启动前,大多数经济合作社没有成立党组织,有的在村级事务管理中对群众的影响力"盖"过了党组织,个别村民"跟着协会跑,不听支部话"。

三是整体经济实力较弱,贫富差距大。截至2020年年底,该镇年收入5万~10万元的村有63个,占68.5%;年收入10万元以上的村仅有29个,占31.5%。村与村之间经济发展很不平衡,年收入最高的村达100多万元,最少的村刚到5万元,"贫富差距"明显,且呈日益加大之势,各村经济发展不能齐头并进,对全镇整体经济的健康发展产生了不利影响。

四是村级支出持续增加,经济负担重。有的村由于历史欠债较多,有时"拆东墙补西墙",不能轻装上阵,特别是随着新一轮农村基础设施建设掀起高潮,村里承担的公共服务费用支出持续攀升。

(二)昌邑市北孟镇乡村振兴的建设举措

自2021年以来,北孟镇党委积极落实中央和上级党委关于"抓好党建、促脱贫攻坚"工作的有关要求,坚持问题导向,在全镇92个村推行村党支部领办合作社,激发乡村发展活力,助推村集体经济与农民收入"双赢双增"。

1. 党委统筹,协调推进

围绕破解《中华人民共和国农民专业合作社法》规定的"具有管理公共事务职能的单位不得加入农民专业合作社"难题,北孟镇进行创新,将农村产权制度改革后成立的村集体经济合作社作为成员加入农民专业合作社,解决了村党支部领办合作社的身份问题。成立由党委书记任组长的工作领导小组,落实班子成员、社区书记、村干部"三张清单",强化一个专组、一张作战图、一系列发展规划、一套管用制度"四个一"工作措施,明确时间表、任务书,按照"先易后难"原则,分层分类制定方案,逐村研究、压茬推进,确保了工期和进度。

打造"村党组织＋攻坚党小组＋党员中心户"工作体系,形成支部联小组、小组联党员、党员联农户的基层架构,由村"两委"成员、普通党员、积极分子带动,采取入户走访、召开座谈会等形式,全面动员部署。制定专门考核办法,将合作社建设情况作为考核社区、村及考察干部"落实力"的首条内容,并与绩效补贴挂钩,每周调度、半月观摩、月底通报,对行动迟缓、落实不力的约谈调整,根据进度、成效等分类奖励,拉开档次,树立"干与不干不一样,早干晚干不一样"的鲜明导向,激发内在动力,压实工作责任。

2. 做实保障,强力推进

北孟镇坚持全盘统筹、全方位扶持,做实"三项保障"。

在资金保障方面,按照"分级负担、多元筹集"原则,运用政府倾斜、金融贷款、群众参与、企业赞助等多种融资方式,广泛拓宽渠道,缓解资金压力。与农村商业银行签订战略合作协议后,第一批就为5家合作社授信贷款1800万元;深化"双联双增"行动,协调6个市直单位、8家企业为包联村庄提供资金扶持。

在人才保障方面,坚持"用专业人干专业事",从知名高等院校、科研院所聘请多名专家人才挂职科技副镇长,担任农业顾问,集中精力靠上指导运营、全程参与管理;着力搭建乡土人才用武平台,每村挖掘不少于3名具备实用技能的"田专家""土秀才",报镇党委统一调用;同时,各村普遍成立人才联谊会,吸引在外资金、技术、人才,助力合作社发展。

在平台保障方面,借助"乐万家"益农服务平台,接入农业公益性和农村社会化服务资源,打造"现代资源入户""农业产品出村"两大体系,推动"互联网＋农业"深度融合。目前,已接入农资、农机、电商培训等合作商 30 多家，推行农产品电商化，形成了从地头到餐桌的供应链，增加了集体和农户收入；同时培育"网红"（见图 5-10），实现直播带货，解决了部分群众就业问题。

图 5-10　北孟镇村党支部领办合作社"网红"直播培训

3. 因村制宜，多元发展

根据各村区位条件、资源禀赋、产业基础，实行"一村一策"，探索出"众村飞地"型、资产收益型、服务收益型、生产经营型等多种类型的村党支部领办合作社，通过因地制宜、因材施策，确保各种类型的村党支部领办合作社都具有运行活力和运转能力。

（三）昌邑市北孟镇乡村振兴的建设成效

昌邑市北孟镇目前共形成了四种发展模式。

一是"众村飞地"型。对跨村、成员分散、产业特征明显、产业关联度高的合作社，打破村庄行政区划限制，依托"众村飞地"产业园统一经营管理，改善生产条件，实现农业生产由分散粗放向集约高效转变。目前，在4个村分别发展了"众村飞地"A区、B区、C区、D区，均已初具规模。其中，小南孟村党支部领办的孟南山蔬菜专业合作社发展得比较成熟，每年可为集体增收20万元以上，大棚承包户年增收8万元以上；东祝仙屯村建设的常青藤田园综合体果蔬种植园区，机械化作业率达到80%以上，节水50%，节肥节药30%以上，实现集体增收10万元以上，村民土地亩均增收500元。

二是资产收益型。推行"党支部+合作社+集体土地+农户"模式，引导各村以合作社为主体，集中流转土地，让村集体和农民实现"土地变股权，农民当股东，有地不种地，收益靠分红"。该镇党委引导范家屋子村、宋家屋子村、朱家屯村、东祝仙屯村、西祝仙屯村5个迁村并点村以村级合作社为主体，对土地集中流转，腾挪出大量规模耕地和城镇建设用地。从集体收入来看，承包地之间的生产道路和户间隔浪费的耕地重新得到利用，1000亩土地可增收10万元；从群众收入来看，土地流转费每亩增收400元左右。

三是服务收益型。聚集农资、农机、土地等资源，开展机械全程托管、统防统治、代购农产物资、技术指导等社会化服务，有效降低生产成本，村集体按比例分红增加收入。该镇南部30多个村庄6万余亩耕地集约发展后，亩均节支增收近200元。丰茂农机专业合作社与5个社区的6个村党支部合作社对接，发展机耕、机播、机收服务，仅小麦收割、玉米收割、耕地三项就为农户每亩降低成本55元，村集体每年每亩增收托管费10元；角兰社区组织联合收割机对全社区1.3万亩小麦、玉米进行统一收割，每亩节省成本20～30元，社区6个村可增加集体收入10.4万元。

四是生产经营型。立足产业特色，利用村级合作社将一家一户的农民组织起来，统一进行生产经营，提供农资、生产、加工、销售等一系列服务，把大家"拧成一股绳，抱团闯市场"。该镇现有2万亩生姜种植基地，利用合作社联系公司及大户以不低于市场价开展代收代购服务，按亩产1万斤、分红5分/斤计算，村集体每亩可增收500元。凰瑞埠村改变单一土地和厂房出租收益模式，把集体土地、厂房入股合作社，先后建设果蔬大棚、面粉加工厂，年销售面粉可达70吨，并将收入的30%作为村集体收入分红。

（四）昌邑市北孟镇乡村振兴的经验启示

昌邑市北孟镇乡村振兴实践获得了以下经验启示。

其一，把握一个根本前提，即坚持党建引领。纵观北孟镇合作社的发展过程，都是村党支部挑大梁、唱主角，把支部、党员和群众组织起来抱团发展。充分发挥镇党委把方向、管大局的引领作用，更大限度统筹资金、人才等要素资源，更大力度推动各村合作社优势互补、品牌共用、信息共享，建立起更广泛、更紧密的利益联结纽带，群众对镇村党组织有了依赖，镇村基层治理也有了抓手，有效提升了基层党组织的组织力。

其二，把握一个基本原则，即坚持探索创新。北孟镇的实践证明，办法总比困难多，把思路打开了，把机制建好了，把招法用活了，就能形成自己的路径。习近平总书记一再强调，农村要走组织化的农村市场化发展路子。该镇将农村产权制度改革后成立的村集体经济合作社作为成员加入农民专业合作社，就是在深入思考后的有效探索，这是与其他地区党支部领办合作社的最大区别，也赢得了发展壮大村集体经济的主动权和主导权。

其三，把握一个基本要求，即坚持依靠群众。整镇推行党支部领办合作社的有序发展，关键在于真正把组织群众、服务村民的事做好了，凝聚了人心，凝聚了人气。党支部领办合作社和资本大户领办合作社的根本区别是合作社姓"公"不姓"私"，在实现村集体经济和村民双增收的基础上，与脱贫攻坚、人居环境整治、迁村并点等民生工程相结合，不断提升群众获得感、幸福感和安全感，也因此得到了群众的真心拥护。

其四，把握一个根本方法，即坚持因地制宜。工作的顺利推进得益于充分尊重群众意愿和发展规律。推行党支部领办合作社，在一个村好办，打造一个点好办，但是整镇推行、复制推广容易出现"一刀切"问题。该镇实行"一村一策"，引导各村结合自身产业基础、地理条件、资源禀赋等因素，宜工则工、宜农则农、宜商则商、宜游则游，探索推行多种类型村党支部领办合作社，确保了有序推进、稳扎稳打、遍地开花。

第四节 高密市乡村振兴典型案例

一、注沟社区逄戈庄村以文化旅游产业赋能乡村振兴

（一）注沟社区逄戈庄村乡村振兴的建设背景

逄戈庄村位于高密市西南部，是清代体仁阁大学士、吏部尚书刘墉的故里。逄戈庄村刘氏家族历经清朝260多年，共走出了11位进士、42位举人、411位朝廷官员，是明清山东第一世家望族，康熙皇帝赐予堂号"清爱堂"，乾隆皇帝誉其为"海岱高门第"，嘉庆皇帝盛赞"相国家声著，怀旧仰高风"。

乡村振兴，产业先行。逄戈庄村历史悠久、底蕴深厚，一部《宰相刘罗锅》使"刘墉"这个名字家喻户晓，作为刘墉故里的逄戈庄村却名不见经传。如何唤醒"沉睡"的文化资源，变文化优势为产业发展优势和乡村振兴优势，成为逄戈庄村发展亟须解决的问题。

经过区村两级的共同努力，在逄戈庄刘家祠堂原址基础上通过修缮扩建打造起清爱文化园（见图5-11），集中展现以刘统勋、刘墉为代表的刘

氏家族的清廉爱民的政德家风文化，并配套完善清爱广场、相府老街等功能设施，实现文化旅游产业破题开篇，为乡村振兴战略实施注入新动能。

图 5-11　逄戈庄村廉政教育基地——清爱文化园

（二）注沟社区逄戈庄村乡村振兴的建设举措

近年来，逄戈庄村充分发挥刘墉的名人效应，深入挖掘刘氏家族文化，以文化旅游产业为支撑赋能乡村振兴战略实施，推动村庄全面发展，被评为首批山东省乡村振兴示范村、首批山东省景区化村庄、省级美丽乡村示范村、潍坊市文明村等。

1. 做好盘活文章，搭建产业载体

逄戈庄村刘氏家族历史上人才辈出，而刘家祠堂随着时代变迁逐步闲置荒废，其文化价值、空间价值、土地价值未得到有效利用。为保护开发刘氏文化，变文化元素为发展要素，2017年区、村两级研究盘活刘家祠堂闲置资源，累计投入资金1000多万元，进行修缮改造、陈列布展，建成以"清廉、爱民、政德、家风、文化"为主题的清爱文化园，核心展区分为家史馆、家风馆、官声馆三部分，并配套建设相府老街、清爱广场等功能设施,着力打造集廉政教育、文化体验、观光游览等于一体的精品文化项目,搭建起文化旅游产业发展载体。

2. 做好经营文章,激发内生动力

清爱文化园建成后,逢戈庄村借势投资120万元翻修周边沿街房,由村委统一对外招商,已有农业银行代办点、专注于公益文化研究的刘墉文化研究院以及依托逢戈庄村旅游专业合作社成立的百货店、特色小吃店等多家商铺入驻。通过举办国际艺术创作营、农民丰收节等节会活动,开发相府花饽饽、桐荫轩水饺等特色产品,进一步激发乡村振兴产业活力;同时,逢戈庄村所在的注沟社区以清爱文化园为"先手棋",积极招引关联产业,山东文旅·金钰盛世高密汉文化旅游综合体、龙林雨漂流等项目在村庄周边落地,与村庄文化旅游产业形成优势互补、协作联动。

3. 做好提升文章,优化村庄环境

聚焦提高文化旅游承载力,实施"一沟两塘"改造、大街小巷硬化、文体广场建设、绿化美化、清洁取暖等工程,村庄基础设施建设水平大幅提升。按照明清风格对民居进行仿古改造,村内建筑整体协调一致、古朴雅致。深入整治农村"四大堆"、私搭乱建、断壁残垣等乱象,并通过村规民约、"门前三包"(包卫生、包绿化、包秩序)等措施,提高村民参与环境整治、维护村庄整洁的自觉性。推行生活垃圾定时定点投放制度,村民每天早上6点钟至7点钟自行将垃圾装袋后放在大门口外侧,由保洁员统一收集外运,真正实现了村内无垃圾桶、垃圾不落地。

4. 做好引导文章,培育文明乡风

深入挖掘清爱文化时代价值,挑选主要干道打造"党建街(见图5-12)、孝德街、廉政街、刘墉文化街"四条大街,在主要道路两侧房屋墙面绘制刘墉廉政爱民故事、警句格言、二十四孝图等墙体画,用图文并茂的艺术形式营造浓厚的文化氛围。将培育文明乡风与惠民举措相结合,通过每年老人节走访慰问老人、关心关爱困难群众、鼓励引导移风易俗、发放奖学金四项惠民工程，倡导树立尊老敬老、友爱互助、科学文明、崇学重教等良好村风民风。

图 5-12 逄戈庄村宽敞整洁的党建街

（三）注沟社区逄戈庄村乡村振兴的建设成效

注沟社区逄戈庄乡村振兴建设实践取得了以下成效。

一是文化品牌持续打响。清爱文化园建成后，累计接待游客超过 5 万人次，以其丰富的文化内涵和德廉教育特色功能被评为山东省师德涵养基地，潍坊市爱国主义教育基地、廉政教育基地，高密市廉政文化教育基地、党员干部教育培训现场教学基地等。成功举办国际艺术创作营、农民丰收节、泼水节等节会活动，品牌效应持续放大，刘墉故里文化名片更加闪亮。

二是村庄环境大幅提升。打出环境提升"组合拳"，完善硬件设施、整治人居环境、建立管护机制，村庄面貌焕然一新，乡村生态空间、生产空间、生活空间融为一体。走进逄戈庄村，灰瓦白墙的民房掩映在绿树红花之间，整齐干净的村巷、古色古香的建筑、安居乐业的人们如一幅美丽画卷，成功入选首批省景区化村庄。

三是强村富民路子更宽。该村坚定文化旅游发展方向，以党支部为引领成立旅游专业合作社，进一步整合资源、统筹谋划，村庄发展路子越走越宽。在清爱文化园带动下，周边沿街房价值上升，仅房屋统一招商租赁一项就可实现村集体年增收近10万元。开发传统手工技艺，发展相府花饽饽等特色产业，群众增收有了新奔头，农民人均收入达到2万元。

四是文明建设成效显著。村庄成为旅游景点，人人代表村庄形象，促使村民不断提升自身素质。村级班子积极传承清廉爱民优秀传统文化，把"为民服务"理念落到实处，以良好作风带动形成文明村风。现在的逄戈庄村干群融洽、邻里友善、村庄和谐，基层治理效能明显提升。

（四）注沟社区逄戈庄村乡村振兴的经验启示

注沟社区逄戈庄村乡村振兴实践获得了以下经验启示。

第一，实施乡村振兴，需要村级班子的坚强保障。村级班子是一个村的"主心骨"，村级班子坚强有力，乡村振兴才能行稳致远。逄戈庄村"两委"干部担当实干、锐意进取，无论是产业发展、服务群众，还是优化环境、培育新风，一班人竭力谋思路、出实策、解难题，在推动村庄乡村振兴阔步向前中发挥了"火车头"作用。

第二，实施乡村振兴，需要立足实际培育特色。立足实际才能找对路子，培育特色才能塑造优势。逄戈庄村是刘墉故里，文化底蕴深厚，从资源禀赋出发，紧紧围绕如何将文化优势转化为发展优势做文章，确立文化旅游产业发展方向，打造廉政教育基地——清爱文化园，并延伸拓展产业业态，走出了一条以文化旅游产业赋能乡村振兴的新路子。

第三，实施乡村振兴，需要以民为本凝心聚力。乡村振兴的落脚点在增进群众福祉，乡村振兴的实施离不开群众的参与支持。逄戈庄村在推进乡村振兴过程中充分尊重群众主体地位，在人居环境整治、乡村文明建设等方面多措并举，引导群众积极参与，在节会举办、产业发展等方面吸纳群众到业态之中，带动群众在家门口增收，凝聚共建共享的乡村振兴力量。

二、胶河社区以"道德银行""农品联盟"双轮驱动乡村振兴

（一）高密市胶河社区乡村振兴的建设背景

胶河社区位于高密市最南端，东邻青岛胶州，位置优越，交通便利，胶河自南而北蜿蜒流经区域20千米，境内土地肥沃、水源丰富、地貌多样、环境优美、生态宜居，是胶东半岛重要的蔬菜瓜果基地，被誉为高密市的"后花园"和"菜篮子"。

长期以来，农作物种植以散户粗放零散种植为主，胶河农产品质量不高、价格偏低、管理不善、销售困难等问题成为制约该地区乡村振兴的突出难题，如何创新探索一条适合自身特点的新时代乡村振兴新路径，成为高密市胶河社区亟须突破的重点问题。

（二）高密市胶河社区乡村振兴的建设举措

高密市胶河社区实施"双轮驱动"措施，在全域探索推行"道德银行"和"农品联盟"，实现二者同频共振、共融发展，让村民不仅腰包"鼓起来"，还要文明"提上去"，走出了一条"支部带村、道德润村、产业强村"的乡村治理新路径。

1. 创新推广农品联盟，夯实乡村振兴基础

胶河社区农业基础较好，拥有胶河菜园、南山果园等特色产业及中国农业科学院科学家研究成果转化基地、中国农业科学院高密蔬菜花卉研发基地等四个"国字号"示范基地。区党委采取"点上突破、以点带面"的发展策略，对区内神泉山农产品专业合作社等8家示范社进行整合，逐步构建起以"凤兮东南"农产品农民专业合作社联合社管理为核心、以57个村党支部领办合作社经营为依托、以农户利益联结为纽带的产业化联合体。

区级农品联盟通过为各村合作社提供农业生产、技术培育、市场营销等综合农事服务，确保村级合作社能够健康运营，现已初步形成了农品联盟带村专业合作社、村专业合作社带农户的三级运作模式。

为提高村级党组织的影响力和战斗力，胶河社区指导区内57个村以村党支部领办合作社为抓手，由村党支部书记担任村党支部领办合作社主要负责人，村"两委"班子成员与村党组织领办合作社理事会、监事会成员交叉任职，带领群众规模种植、科学种植，提高产品的附加值，带动农民增收致富，增强了村党组织和群众之间的桥梁纽带关系，从而把群众团结在支部周围。

为进一步拓宽销售渠道，胶河社区以区内"胶河土豆""南山酥梨"国家地理标志农产品"金字招牌"为依托，以"凤兮东南"农品联盟为纽带，对区内的土豆、芋头、大姜、韭菜、酥梨等20余种优质农产品进行系统整合，统一品牌、统一包装、统一营销（见图5-13），真正实现了好产品与大市场的有效对接。2021年3月，胶河社区召开高密市胶河生态发展区战略合作协议签约暨胶河富硒小镇启动仪式，与济南"菜篮子"

图 5-13 高密市胶河社区特色农产品

工程办公室签订了农产品定点采购协议,年订单量达到 50 万千克,改变了之前集中上市、地头交易、分散销售的情况。

为持续挖掘"胶河农品"品牌价值,提升品牌知名度,胶河社区在"凤兮东南"农品联盟统一引领服务的基础上,指导各村党支部领办合作社申请自己的合作社商标,建立起"通用标识+合作社商标"的母子品牌发展模式。

2. 全域推广道德银行,培树文明和谐乡风

随着胶河农品联盟的全面推广,胶河社区村民的日子过得越来越红火,但婚丧大操大办、生活垃圾随意丢弃等陈规陋习成了村庄管理的难题,提高村民素质、弘扬正能量、重塑道德之风成为村庄管理的重中之重。该区从 2018 年开始试点探索,同年 10 月在张家庄村正式成立了高密市首家道德银行,通过将村规民约量化、分值化,形成看得见、可监督、与百姓日常生活息息相关的具体措施,并为家家户户设立道德银行账户,做好事按照标准加分,有不文明行为就扣分,坚持"道德银行存道德,积分管理有回报"的原则,每年以家庭账户总积分为依据评选"星级文明户""五好家庭""好媳妇""好公婆"等,并以分值兑换物资和精神奖励,让"有德者有得",引导村民崇德向善。

在张家庄村道德银行推广取得丰硕成果的基础上,胶河社区党委经过科学研判决定将道德银行模式在全域范围内推广,成为推动基层社会治理的一大抓手。为进一步推广好、宣传好、运用好道德银行,胶河社区进一步细化评分标准,对"爱党爱国、遵纪守法""文明礼貌、敦亲睦邻""勤劳致富、重视教育""卫生整洁、保护环境""恪守诚信、维护正义""移风易俗、相信科学""热心公益、文体活跃""民主治村、和谐兴村"8 个方面、56 个细项进行量化,确保道德评议有据可循、有章可依,使碎片化、抽象化的道德打分能够清清楚楚、一目了然。

统一为各村制作新时代文明实践道德银行宣传栏(见图 5-14)、档案

盒，成立领导小组、推进小组、各社区工作组，不定期对道德银行推广情况进行督导检查。辖区各村于 2020 年 3 月开始召开会议研究制定本村道德银行实施方案，成立领导小组，选出村内威望高的老教师、老党员、老干部和优秀群众代表组成评分小组，4 月开始从人居环境整治卫生检查入手，每月 25 日前入户检查，次月 5 日支部生活日组织评分，既促进了道德银行实施，又做到了村情民意走访。

图 5-14 胶河社区道德银行宣传栏

（三）高密市胶河社区乡村振兴的建设成效

高密市胶河社区乡村振兴建设取得了以下成效。

一是产业结构持续优化。在胶河农品联盟的带动引领下，各村成立的合作社发展迅速，大棚也由最初的 500 多个发展到现在的 2000 多个，晏子湖社区张家庄村、城子前村、祝家庄村、孟家沟村等村庄以土豆、大姜、芋头、韭菜为主打的绿色无公害农产品种植面积达 1600 余亩。目前，胶河社区获得国家地理标志农产品认证 2 个，全国"名特新优"产品认证 1 个，绿色食品认证数量达到 13 个。

二是农民增收效果明显。大力推广"联合社＋合作社＋基地＋农户"发展模式，将农民纳入产业化经营链条，转化为产业工人。目前，南山社区谢家屯村、东姚家屯村、李家屯村、葛家屯村等村庄以南山酥梨、秀水国光苹果、映霜红桃为主打的 1000 亩南山果园已经形成良好的产业链，平均每亩产值超过 1 万元。

三是村风民风不断向好。经过一年多的不懈努力，胶河社区道德银行在全区 57 个村全部建成并实现了健康规范运行，形成了"村村争创文明村，户户争当文明户，人人争做文明人"的良好局面。目前，已评选出区级星级文明户 160 户、村级星级文明户 680 户，兑现"道德积分"奖励 1000 余份，相关经验做法在新华社《高管信息》及《大众日报》、学习强国等主流媒体平台进行了刊发。

（四）高密市胶河社区乡村振兴的经验启示

高密市胶河社区乡村振兴实践获得了以下经验启示。

其一，乡村要振兴，党建要引领。乡村振兴，组织引领是根本，胶河社区充分发挥各级党组织的基层堡垒作用，在农品联盟和道德银行建设上始终坚持支部引领原则，坚持物质文明和精神文明"两手抓、两不误"，切实将实施乡村振兴战略和党的建设相结合。

其二，乡村要振兴，产业要夯实。乡村振兴，产业振兴是基础，胶河社区全域推广农品联盟，一定程度上缓解了村集体发展资金匮乏的压力，壮大了集体经济，实现了强村富民，也为乡村基层治理提供了不竭动力。

其三，乡村要振兴，文化要繁荣。乡村振兴，文化振兴是灵魂，胶河社区创新推广道德银行：一方面繁荣了农村文化，培育了文明乡风、良好家风、淳朴民风，提升了社会文明程度；另一方面，将道德准则转化为推进基层治理的有力抓手。

第五节　临朐县乡村振兴典型案例

一、冶源街道北杨善村以党建引领助力乡村振兴

（一）冶源街道北杨善村乡村振兴的建设背景

北杨善村地处冶源街道北部，由北杨善村、吕家楼村2个自然村组成，村西、村北有黄龙沟，村南、村东地势平坦，薛邱路自村中穿过，交通便利。村庄文化底蕴深厚，剪纸和手绘年画是该村的传统特色文化，村庄素有"书画之乡"的美誉。

依托得天独厚的自然资源、文化资源等优势，新时期如何发挥党建在引领乡村振兴中的积极作用，盘活各类资源要素，推动村庄全面振兴，是摆在该村面前的重要课题。

（二）冶源街道北杨善村乡村振兴的建设举措

近年来，北杨善村紧紧围绕"产业兴旺、生态宜居、乡风文明、治理有效、生活富裕"的总要求，立足实际，抢抓机遇，以组织振兴为"红色引擎"，以文化振兴为着力点，积极开发剪纸、年画等文化创意产品，借助工业、农业基础扎实推进"五大振兴"协同发展，助推乡村全面振兴，先后荣获"省级文明村""省级美丽乡村""潍坊市先进基层党组织""临朐县巾帼建功先进集体""全县基层妇联工作先进集体"等荣誉称号。

1. 打造组织振兴示范村

冶源街道北杨善村通过以下系列措施打造组织振兴示范村。

一是持续优化组织体系，提升基层组织组织力。调整优化党建工作

体系，建立"行政村党总支——自然村党支部——网格党小组——网格员"四级组织架构，将脱贫攻坚、人居环境整治、村庄绿化、信访矛盾调处等工作嵌入网格，实现"一网兜尽民生事"。

二是引导党员发挥作用，提高基层组织战斗力。持之以恒抓班子、聚人心，努力在阵地建设、队伍建设、制度建设和推动发展上做文章，村党组织凝聚力、战斗力不断增强。精心挑选61名党员进行联户，定期组织党员点验，实现真联真包，党员作用得以充分发挥。

三是推行"12355"工作模式，提高基层组织服务力。密织"一网"，实现"人在网中走，事在格中办"，凝聚工作合力；"双向"承诺，汇聚党员力量；推进"三化"，提升基层治理水平；推行党员集事、网格议事、会议定事、联动办事、居民评事"五事工作法"，着力探索社会治理新模式。

2. 构建产业振兴融合发展体系

冶源街道北杨善村从以下两个方面着力构建产业振兴融合发展体系。

一是培育新型农业经营主体。成立临朐县葵兴果蔬种植专业合作社、临朐县庆杰樱桃种植场，连片打造760亩种植基地，建设大棚360个，积极推广设施农业技术，优化土地资源配置，提高种植效益。充分发挥"互联网+"优势，开展巾帼网络直播培训，依托村内成熟的电子商务平台，帮助村民代销农副产品，增加村民收入。

二是构建乡村产业品牌体系。以手工剪纸、手绘年画等非遗传承为支撑，建设集剪纸年画衍生品开发、伴手礼包装、手工剪纸艺术教学等多种功能于一体的北杨善剪纸艺术传习中心（见图5-15）和昌家楼手绘年画博物馆，成立剪纸艺术协会和善兴乡村旅游专业合作社，进一步用好村内闲散劳动力资源。

图 5-15　冶源街道北杨善剪纸艺术传习中心

3. 打造人才振兴队伍

冶源街道北杨善村通过以下举措打造人才振兴队伍。

一是成立商会，凝聚企业人才力量。2015年村内成立北杨善商会，覆盖会员企业67家。坚持党建引领，成立华元新材料联合党支部，吸收8名企业人才加入党组织，打造商会发展的"红色引擎"。每年年底举办年会，加强商会企业之间的学习交流。

二是传承技艺，培养非遗技艺传承人。组织村内剪纸艺术爱好者，由非遗传承人统一进行剪纸、年画技艺培训。结合非遗小镇研学基地建设，在馆内开设研学课程，为中小学生学习剪纸、年画制作技艺搭建平台，为非遗传承注入新活力。

三是搭建平台，回引优秀青年人才。利用冶源镇北杨善工业园区位优势，为青年人才提供优质的创业平台和创业服务，目前已有20余位青年人才回村创业。

4. 搭建平台提升文化自信

冶源街道北杨善村通过以下举措搭建平台，提升文化自信。

一是加强文化阵地建设。投资360万元建设北杨善剪纸艺术传习中心、吕家楼手绘年画博物馆；投资500万元高标准提升改造薛邱路，将剪纸、年画元素融入美丽乡村建设，彰显文化特色。新建文化活动广场、文娱活动室，为群众开展文化活动提供场所。

二是积极组织开展文化活动。举办"庆祝建党100周年""庆三八妇女节"等剪纸大赛30余场次，创作"疫情防控"等主题剪纸，传递"抗疫"正能量。开展"全民阅读"活动，开放村内图书阅览室，收纳图书七大类、1000余本，以满足村民精神文化需求。成立北杨善村党员志愿服务队、巾帼志愿服务队，定期开展助力脱贫攻坚、人居环境整治等志愿服务活动。

三是提升非遗文化内涵。以北杨善剪纸、吕家楼手绘年画等传统特色文化为依托，积极发展新业态、新模式，打造北杨善文化振兴示范区。

5. 建设生态宜居美丽乡村

生态宜居是乡村振兴的内在要求。推动乡村振兴，要植根于生态优势，深入践行"绿水青山就是金山银山"的生态文明理念，让良好生态成为乡村振兴的支撑点。北杨善村始终把人居环境整治作为一项重要的民生工程，从硬化、绿化、亮化、美化、净化五方面入手，把手绘年画、剪纸艺术嵌入美丽乡村建设中，着力打造特色文化民俗村。

（三）冶源街道北杨善村乡村振兴的建设成效

冶源街道北杨善村乡村振兴建设取得了以下成效。

一是助推村强民富。将村内闲置土地流转，建成占地约100亩的北杨善工业园，每亩地每年的租赁费为2000元，年增加村集体经济收入20万元左右。为进入工业园的企业提供统一用电服务，每度电收取0.1元的服务费，年增加村集体经济收入20万元。采取"党支部+合作社+农户"模式，依托剪纸艺术协会和善兴乡村旅游专业合作社培育起一支50余人的剪纸队伍，实行统一制作、统一销售，年增加村集体收入约8万元，手工艺者年可增加收入约1万元。在激活村内闲散劳动力资源的同时，实现了村集体经济壮大、农民增收、文化传承的"三赢"。

二是助力乡风文明。开展年画和剪纸元素上墙活动，宣传邻里和睦、倡导文明和谐，潜移默化地引导乡风文明；改革红白理事会，倡导喜事新办、丧事简办，改革后的红白事每次可节约2000元左右；积极发挥新时代精神文明实践站作用，组织开展广场舞大赛、"好媳妇、好婆婆"评选等活动，树立了良好的风尚标杆。

三是打造宜居环境。硬化村小巷23条、1.67万平方米，栽植绿化苗木2.9万余株、花草7800余平方米，粉刷墙壁3.2万余平方米，建设文化广场1处，安装太阳能路灯200余盏，对弱电线路进行全面整治，创建美丽庭院112户，打造美丽庭院示范街2条，群众生活品质得到大幅提升。

图5-16为冶源街道北杨善黄龙沟公园。

图5-16　冶源街道北杨善黄龙沟公园

（四）冶源街道北杨善村乡村振兴的经验启示

乡村振兴的关键在于坚持党的全面领导，不断加强农村基层党组织建设，发挥党支部战斗堡垒作用和党员先锋模范作用，密切党群干群关系，以此形成推动乡村振兴的强大合力。

一是坚持党建引领，建好干部队伍。乡村振兴，关键在于人才振兴。"农村富不富，关键看支部；支部强不强，要看领头羊"。要把懂经营、善管理、发展壮大集体经济意识强的能人选为村干部，抓好党组织带头人队伍建设。北杨善村在发展过程中不仅注重班子队伍建设，还注重培养青年农民和后备干部队伍，把青年农民中思想政治素质高的致富能手培养为党员，将有奉献精神、有管理能力、有经营头脑的年轻同志充实到村班子中[1]，强化党组织对发展壮大集体经济的领导力。

二是坚持因地制宜，发展特色产业。因地制宜发展产业，充分发挥当地资源优势，坚持构建"宜农则农、宜商则商、宜工则工、宜游则游"的产业结构，积极培育新型农业经营主体，发展壮大特色产业。北杨善村立足剪纸、年画特色文化优势，鼓励党员领头兴办专业合作社、家庭农场，大力推进非遗文化产业化发展。用好电子商务服务中心，拓宽农产品销售渠道，帮助村集体和村民线上、线下同步销售年画、剪纸和土特产品，打造"生态宜居村庄美、兴业富民生活美、文明和谐乡风美"的美丽乡村。

三是坚持绿色发展，倡树文明新风。乡村振兴，生态宜居是关键。良好的生态环境是农村的宝贵财富。北杨善村在实施乡村振兴过程中坚持将人居环境整治摆在突出位置，坚持走绿色发展之路，着力提升群众生活环境。在发展经济的同时，北杨善村也十分注重加强精神文明建设，让老百姓不仅口袋"鼓起来"，也要脑袋"富起来"，绘就了一幅环境优美、产业发展、村强民富、乡风文明的振兴新画卷。

---

[1] 汤红蒂.大力发展农村集体经济 助推甘孜州乡村振兴[J].新西部，2022（1）：55-57.

二、临朐县寺头镇以农业产业强镇建设引领乡村振兴

（一）临朐县寺头镇乡村振兴的建设背景

寺头镇地处泰沂隆起带东北部、昌潍凹陷区南部、沂沭断裂带西岸，位于青石山区丘陵交错地带。山地占 80% 以上，地势南高北低、西高东低。在造山运动及水文地质的长期作用下，镇域地形高低起伏、错综复杂，形成以寺头石河为基础的多个沟谷地貌。寺头镇人文历史底蕴深厚，生态环境优美，风光秀丽，寺头石河横贯东西，圣水湖公园为市级湿地公园，镇域内临朐县金矿、寺头金矿、杨桃金矿是潍坊市仅有的三座非煤地下矿山。

寺头镇现已发展山楂 4.5 万亩，年产 9 万吨；种植香椿 2.2 万亩，年产 300 万千克；现已培育市级农业龙头企业 4 家、省级合作社 4 家、市级合作社 2 家。

（二）临朐县寺头镇乡村振兴的建设举措

近年来，寺头镇始终坚持发展山楂、红香椿等特色产业，通过农业产业强镇建设大力发展山楂、红香椿深加工产业，以二产推动一产、三产发展。促进三产深度融合是做好新时代"三农"工作、加快推进农业农村现代化、实现乡村全面振兴的重要举措，寺头镇持续推动产业转型升级，以产业振兴带动乡村全面振兴，全力推进农业增效、农民增收、农村美丽。

1. 调整产业结构，夯实融合发展的基础

以"生态农业、特色农业、品牌农业"为重点，积极主动调结构、促增收，实现了"一产强、二产优、三产活"，为实现高质量融合发展打下了坚实基础。

一是调整产品结构，做强一产。依托资源禀赋积极调整农产品结构，大力发展高产、优质、高效产品，培育形成了山楂、红香椿等特色优势

主导产业。目前，全镇已初步形成东部红香椿、西部山楂、南部中草药和黄烟的种植生产聚集带，为"接二连三"（接二产连三产）奠定了坚实的产业基础。

二是延伸加工链条，做优二产。将龙头企业作为引领融合发展的战略主体，加大对企业的扶持力度，培育发展了山东亿佳食品有限公司、临朐山河食品有限公司等一批集科技研发和产品精深加工于一体的农业龙头企业，实现了产业链源头的有效拓展，有力促进了农业提质增收；实现了镇域就地消化山楂产量30%、红香椿产量40%，激发了第二产业活力。

三是大力发展服务业，做活三产。以乡村旅游业为重点，积极发展采摘篱园、乡村旅游、农事体验等产业类型，加快打造福泉村、石河头村等一批乡村旅游示范村，通过举办寺头山楂文化艺术节、中国（寺头）红香椿文化旅游节等节会活动，推动"农、文、旅"深度融合，打响"红果小镇"品牌。加快推进农产品"触网"，建成亿佳电商、相亮"一家人水果屋"等6处电子商务平台，村级电子商务服务站点发展到16处，完善了镇村电子商务服务体系。

2. 强化资源配置，提升融合发展支撑

临朐县寺头镇强化资源配置，通过以下举措提升融合发展支撑。

一是坚持规划引领，优化空间布局。立足实际，聘请山东大学可持续发展研究中心进行农业产业强镇总体规划，优化空间布局，着力打造"山楂产业强镇示范区"（见图5-17）和"香椿产业强镇示范区"两大片区，促进产业集聚融合发展。

二是搭建创新平台，激发创新动力。与山东农业大学合作建设临朐果树脱毒苗木工程技术中心，引进先进苗木品种和管理技术，开展山楂、红香椿等苗木的培育工作，将更多优质脱毒苗木推广给广大果农，为完成农业发展"最后一公里"的目标增添助力。

图 5-17　山楂产业强镇示范区

三是深化产学研合作，加快成果转化。积极引导企业、合作社与高等院校、科研院所合作，进行新产品研发，推动产品升级提档。山东亿佳食品有限公司与乌克兰国家科学院院士瓦列里·盖茨合作建立院士工作站，进行山楂精深加工研究；相亮山楂合作社与青岛农业大学合作研发优质山楂品种、科学育苗和嫁接技术等。进一步完善配套设施，提升服务能力。

四是持续加大基础设施建设力度。山楂产业强镇示范区硬化生产路25千米，铺设供水管网5千米，建蓄水池15个，建设扬水站5个；大力推进标准化生产基地建设，推广富硒山楂种植，建设病虫害预警系统，安装物理杀虫预警系统1套、杀虫灯163盏，控制面积达到3000亩。加快发展冷鲜仓储，现建有现代化冷库26个，储藏能力达到2.6万吨。其中，山东亿佳食品有限公司新建现代化智能冷库1处，可冷藏鲜果1万吨。

3. 管理机制创新，强化融合发展的保障

临朐县寺头镇着力进行管理机制创新，通过多种举措强化融合发展的保障。

一是发展新型农业经营主体，深入实施新型农业经营主体提升计划。建立农村集体经济合作社、土地股份合作社等，重点培育市级农业龙头企业和农民合作社示范社、示范农场。

二是通过盘活闲置资源加快土地流转。引导农户参与农业生产，壮大经营主体规模，完善"党支部+合作社+农户"的模式，现全镇有市级农业龙头企业4家、农民专业合作社128家，其中省级合作社4家、市级合作社2家。

三是积极探索"村企联盟"新模式。围绕集体增收、村民致富、抵御市场风险的目标，推广"龙头企业+联合社+村集体+村级合作社+农户"的"五位一体"的发展模式，把土地集中起来，把农户组织起来，壮大经营规模；同时采取"订单农业"的发展模式，企业与合作社签订收购协议，减少中间环节，实现企业减少生产成本、农民增加收益的目标。

四是增强农产品知名度。通过发展高效节水农业、水肥一体化技术、病虫害预警系统等方式实现精准施肥和绿色防控的目标，扩大绿色产品种植面积，叫响"寺头山楂""寺头红香椿"品牌。"寺头山楂"获得"绿色食品""有机食品认证""中国地理标志证书""山东省著名商标"等荣誉称号，"寺头红香椿"获得"有机食品认证""中国地理标志证书"荣誉称号，相亮山楂合作社获得"全国农民专业合作社示范社"称号，"相亮山楂"于2019年荣获第二十届中国绿色食品博览会金奖。

（三）临朐县寺头镇乡村振兴的建设成效

2011年，"寺头山楂"荣获国家地理标志证明商标；2018年，临朐（寺头）山楂现代农业产业园被评为市级现代农业产业园；2021年，临朐（寺头）山楂现代农业产业园相亮山楂基地获得粤港澳大湾区"菜篮子"

生产基地认证。

一是三产深度融合，乡村经济提质增效。以"寺头山楂""寺头红香椿"为重点，农业产业发展取得重大突破，绿色产品产量达到 4 万吨。产品精深加工制品种类齐全，山东亿佳食品有限公司、临朐山河食品有限公司产业链条进一步拉伸加粗，产品种类更加丰富，产品附加值进一步提升。2021 年 10 月，新引进的山东晶冠食品有限公司开始投产，进一步提升了山楂的转化率。农业主导产业产值达到 4 亿元，农民人均可支配收入突破 2 万元。

二是惠农模式不断创新，农民增收效益显著。以山东亿佳食品有限公司、临朐山河食品有限公司等企业为带动，推广"村企联盟"模式，培育"龙头企业＋联合社＋村集体＋村级合作社＋农户"的"五位一体"发展模式，[1] 形成一批多元化市场主体。探索出"保底收益＋二次分红""社员入股分红"等多种农民利益联结共享模式，让农民切实分享二、三产业增值收益，实现山楂种植每亩增收 300 元以上，香椿种植每户增收 1000 元以上。

三是基础设施日益完善，幸福指数不断提升。随着山楂、香椿产业的振兴发展，村里的闲置资源被盘活，与企业合作不断深化"村企联盟"模式，实现集体增收，村党支部干事创业热情不断提升，全面实现"户户通"任务；同时积极开展村庄绿化彩化和人居环境整治工作，极大地改善了村民的居住环境，创建新时代文明实践站 22 个、绿化节点 66 处，丰富了村民的精神文化需求，村民幸福指数不断提升。

四是生态环境有效改善，土地资源有效利用。随着山楂、香椿的经济价值不断提升，激发了农民种植的积极性，闲置资源得到了有效利用。通过标准化基地建设、开展生态护坡、节水灌溉、有机肥改良等措施，有效维护了当地生态环境和耕地质量，实现了生态保护与产业发展的

---

[1] 刘磊,贺绍磊.三产融合激活乡村振兴新动能[N].潍坊日报,2020-11-09.

（四）临朐县寺头镇乡村振兴的经验启示

乡村振兴关系到我国是否能从根本上解决城乡差别、乡村发展不平衡、不充分的问题，也关系到中国整体发展是否均衡，是否能实现城乡统筹、农业一体的可持续发展的问题[1]。实现乡村振兴，必须由产业振兴提供内生动力，以产业振兴带动人才振兴、文化振兴、生态振兴、组织振兴，从而实现乡村振兴。

实现乡村振兴，产业振兴是重中之重。只有产业实现良性发展，乡村振兴才能有长远可靠的物质保障。一产为根、"接二连三"，发展农业"新六产"，是有效连接农村、农业、农民的科学路径。产业发展要结合当地实际，在尊重资源禀赋的基础上坚持"人无我有，人有我优"的差异化发展思路，实现差异化的产业发展，催生农村新产业、新业态，带动乡村振兴。把增加农民收入、增进农民福祉和壮大村集体经济作为产业强镇的出发点和落脚点，不断改善群众生活水平。

第六节　峡山区乡村振兴典型案例

一、峡山区王家庄街道以绿色农业推动乡村振兴

（一）峡山区王家庄街道乡村振兴的建设背景

王家庄街道位于峡山水库西岸，总面积148平方千米，辖107个行政村、2.2万户、7.9万人，耕地面积9万亩，主要种植小麦、玉米、大姜、

---

[1] 高英强，李楠，胡辰婧，等.乡村振兴背景下村庄规划设计——以天门市泉堰村为例[J].美与时代：城市版，2022（4）：63-65.

圆葱、土豆等作物。王家庄街道地处潍坊市一级水源保护地周边，在坚决守住生态环保底线的同时，如何结合自身实际，因地制宜地发展乡村产业，带领库区人民增收致富，成为王家庄街道乡村振兴道路上亟须解决的问题。

王家庄街道是峡山区有机农业发源地，具有发展高品质果蔬产业的水、土、空气等自然条件。2009年，王家庄街道仙峡湖有机蔬菜基地生产的蔬菜成为中华人民共和国第十一届运动会指定蔬菜，并于2011年顺利通过了国家有机食品认证，成为潍坊市首批获得有机食品认证证书的企业之一。

在峡山区党工委、管委会的大力支持下，王家庄街道按照"产业集群化、发展生态化、服务平台化"的理念，积极推进农业项目建设，努力培育龙头企业，大力发展果品、蔬菜等优势主导产业，努力提高绿色农产品供给。目前，峡山区党工委、管委会"二次创业开新局，百日攻坚提效能"的号角已经吹响，站在新的历史起点，王家庄街道将在发展绿色农业的新征程中乘风破浪、披荆斩棘，奋力打造乡村振兴王家庄样板。

（二）峡山区王家庄街道乡村振兴的建设举措

王家庄街道立足自身实际，通过采取培育农业龙头企业、发展优势特色产业、强化农业面源污染防治等方式，凸显绿色农业发展底色，助力乡村振兴。

1. 推进项目建设，培育龙头企业

王家庄街道通过提供"保姆式"服务，大力推进投资达1.05亿元的中国农业大学（峡山）高端农业科研示范基地建设项目与投资1.04亿元的潍坊市兴峡高效农业示范园项目建设，发展高端果蔬产业。目前，中国农业大学（峡山）高端农业科研示范基地建设项目已投产（见图5–18）；潍坊市兴峡高效农业示范园一期项目已经投产并实现了果品销售收入200万元，为周边农户提供就业岗位20个，人均收入达2.6万余元。正是凭借这种项目建设带动企业快速发展的方式，王家庄街道已经顺利将山东仙峡湖生态农业股份有限公司、潍坊万通食品有限公司培育成潍坊市级农业龙头企业。

图 5-18　王家庄街道中国农业大学（峡山）高端农业科研示范基地开工仪式

2. 倡导党支部领办合作社，发展农业订单

王家庄街道发展党支部领办合作社 68 家，采取"党支部＋合作社＋农户＋订单"模式，鼓励合作社等积极与潍坊佳东家农产品加工配送中心有限公司（又称"中百大厨房"）、安丘福华食品有限公司、潍坊峡阳果蔬有限公司等企业签订种植订单，提高种植效益，增强农户抵御风险的能力。

3. 加强农产品质量安全监管，增加绿色农产品供给

王家庄街道连续八年开展农产品质量安全专项整治"百日行动"，从加强宣传、执法监管、监督考核等方面提升农产品质量安全水平。通过采取农产品定量详细检测和定性快速检测等方式，结合推广食用农产品合格证制度，把好农产品市场准入关口，构建从田头到餐桌的无缝衔接监管体系。2019 年 12 月，王家庄街道被山东省农业农村厅评为第一批"省级示范乡镇农产品质量安全监管机构"，辖区内 3 家农资门店被评为市级标准化农资店。

4. 促进业态融合，延伸产业链条

峡山区王家庄街道深入挖掘石头崖大樱桃、张家埠葡萄、大圈猕猴桃等特色农产品，传承农耕文化，发展参与式、体验式、娱乐式创意农业，推动农业"接二连三"，延伸产业链。2023年以来，共吸引采摘体验游客2000人次，销售收入增加30万元。此外，借助峡山区打造峡山湖环湖漫道生态文化体验区与美丽乡村建设，依托王家庄街道"朱熹文化""盖公山文化"等乡村文化底蕴，发展"吃住游购"一体化的休闲农业和乡村旅游，促进"农文旅"业态融合发展，提升价值链。

5. 强化农业面源污染防治，改善农业生态环境

峡山区王家庄街道通过以下举措强化农业面源污染防治，改善农业生态环境。

一是推广科学施肥。2023年共举办培训班2期，培训种植大户、农业新型经营主体负责人等400余人次，新发展水肥一体化技术推广面积2250亩，检测土壤样品17份，推广节水灌溉面积2000亩。在保障农作物产量和农产品供给的情况下，化肥使用量呈现持续下降趋势。

二是加强统防统治。近三年来，王家庄街道充分利用政府财政资金投入开展小麦、玉米统防统治10万余亩，有效降低了农药使用量。

三是重视农药包装废弃物回收。2022年，王家庄街道107个行政村均设置了1名专职回收员，并与潍坊健农农业服务有限公司签订劳动合同，负责对街道农药包装废弃物、废旧农膜进行统一回收处理。

截至目前，全街道已设立农药包装废弃物回收点208处，每个回收点都配备了专用回收桶，清运车辆定时清理回收，建立了完善的农药包装废弃物回收体系。

（三）峡山区王家庄街道乡村振兴的建设成效

峡山区王家庄街道乡村振兴建设取得了以下成效。

一是市场主体活力不断迸发。现在王家庄街道已发展有机农业园区2

家，获得有机食品认证的蔬菜品种达18个，有机认证面积达228亩，年产量258.5吨；拥有获得绿色食品认证的农民专业合作社3家，绿色蔬菜认证品种3个，绿色食品认证面积达到262.7亩，年产量964吨；新成立党支部领办合作社68家，发展省级示范合作社2家，市级示范合作社、家庭农场等3家。

二是产业化经营水平显著提高。通过农业龙头企业的示范带动提高了农户种植水平，加快了土地流转速度，促进了产业集群化发展。截至目前，王家庄街道已经发展土豆、大姜、圆葱、芋头、大蒜等大宗农产品3.6万亩，发展优势特色产业如设施蔬菜、大樱桃、猕猴桃、葡萄等4000亩。街道先后获得了潍坊市特色产业镇、潍坊市"现代农业十强镇街"等荣誉称号。

三是产业效益不断凸显。采取"党支部+合作社+农户+订单"模式扩大农业订单。目前农业订单规模已达到3000亩，农户平均每户增收1000元，村集体平均增收2万余元，农户和村集体实现了"双增收"。

四是品牌影响力不断增强。继山东仙峡湖生态农业股份有限公司的"仙峡湖"牌蔬菜成为市级知名农产品品牌之后，王家庄街道的"峡山湖"牌有机菜、"峡源情"牌大棚菜、"林韭"牌韭菜、"利康峡"牌蒜黄、"鑫芹"牌芹菜、"魅香"牌葡萄、"美峡"牌猕猴桃、"峡水"牌大樱桃等一批品牌农产品，通过线上、线下等销售渠道销往全国各地，提高了品牌知名度和产品附加值。

五是生态环境持续改善。通过多年的生态环境整治，地绿、天蓝、水净的秀美王家庄正在持续释放生态红利，街道先后被评为"中国最美文化生态旅游目的地""中国健康养生休闲度假旅游最佳目的地""中国最美乡村旅游目的地"及省级生态乡镇、潍坊市绿化示范镇、潍坊市十佳魅力城镇等。

（四）峡山区王家庄街道乡村振兴的经验启示

产业振兴是乡村振兴的物质基础，要紧紧围绕发展现代农业，围绕农村一、二、三产业融合发展,构建乡村产业体系。发展乡村产业的同时更要像保护眼睛一样保护生态环境,像对待生命一样对待生态环境,只有积极践行绿色生产生活方式,才能"守得一片绿,换得金山来"。必须走生态优先、绿色发展之路,把发展绿色产业作为乡村振兴的助推器。

一是坚持示范带动。王家庄街道努力扶持、培育农业龙头企业,发挥农业园区的辐射带动作用,将发展农业产业变为老百姓看得见、摸得着的实实在在的效益,引导农户参与到产业发展中来,共享产业发展红利。

二是坚持党建引领。采取党支部领办合作社的方式,充分发挥党支部的基层战斗堡垒作用,利用村内产业带头人的"领头雁"作用,因地制宜地发展村内特色优势产业,以红色党建促产业发展,实现村民和集体"双增收"。

三是坚持品牌建设。王家庄街道鼓励种植大户、合作社、家庭农场等农业新型经营主体发展农业品牌,积极为农产品赋能,增强品牌影响力,提高了产品附加值。

四是坚持融合发展。发展农业"新六产"是实现产业全环节升级、全链条升值的必由之路。王家庄街道鼓励发展农业订单,进行产加销一体化发展,而且通过节庆采摘、文化传承、观光旅游等方式努力推动农村全域旅游发展,促进了"农文旅"有效融合。

二、峡山区郑公街道以土地托管助推乡村振兴

(一)峡山区郑公街道乡村振兴的建设背景

从本质上来讲,土地托管模式包含两项基本工作:前期是土地集中工作,后期是生产服务工作。从现阶段来看,多数农户对托管模式和流转模式的根本性差异缺乏了解,土地要实现规模化集中较为困难。为破解土地托管工作这一现实性矛盾,创新模式实践非常重要。

峡山区郑公街道位于峡山区东南部,辖42个行政村、11 619户、

39 916 人，耕地面积 59 287 亩。郑公街道依托金丰公社、联合村党支部领建的村级股份经济合作社，推进实施土地托管模式，保证了二者互为依托、取长补短、共同发展，很好地发挥了村股份经济合作社在土地集中方面的优势，既为土地规模化生产创造了条件，又为发展村集体经济创造了有利契机，更是保证了广大农户的利益需求，实现了多方受益。

（二）峡山区郑公街道乡村振兴的建设举措

1. 组织形式

峡山区郑公街道采取"土地入股、保底收益、五五分成、保险兜底、多方共赢"的合作形式。

农户收入方式为一年两季，每季单独核算，产后受益，"保底收益＋五五分成"。农户以土地资源加入合作社经营主体，每一亩地为一股，成为合作社股东，参与合作社分红。净收益分红比例为：农户50%，其他参与主体50%（金丰公社40%，村股份经济合作社10%）。每亩净收益＝每亩粮食收入－农户保底收益－金丰公社托管费用。

生产服务方式为，金丰公社提供包括浇水在内的全程托管模式。经营投资方式为，农户不做任何生产资金投入，村股份经济合作社提供无不良征信的农户名单，金丰公社协调山东省农业发展信贷担保有限责任公司提供贴息金融贷款（贷款利息由金丰公社承担）。

2. 组织原则

峡山区郑公街道乡村振兴建设遵循以下组织原则。

一是一类地块优先。结合土地质量、平均亩产和水利设施等实际情况，对村所属土地进行等级区分，优先对一类水浇平整地块实施托管，托管地块要求成方连片，单块地不低于50亩，托管不低于300～1000亩，如图5-19所示。

二是政策优先扶持。农民（散户）的土地集中后，为提高规模化种植效益，对土地进行划方设置，对水利设施调整布局。

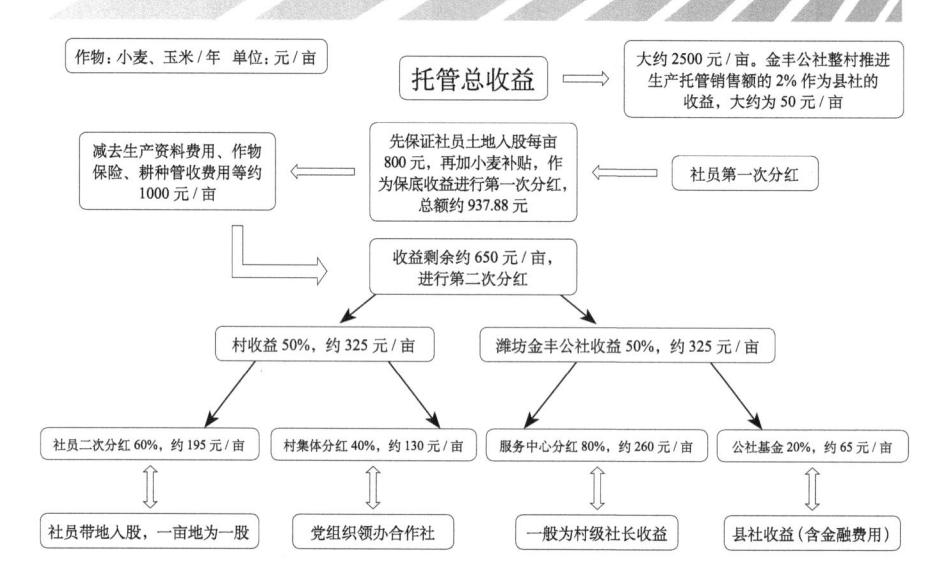

潍坊金丰公社党建引领、双社共建，增加农民收入、壮大村集体经济

作物：小麦、玉米/年　单位：元/亩

- 托管总收益 → 大约2500元/亩。金丰公社整村推进生产托管销售额的2%作为县社的收益，大约为50元/亩
- 先保证社员土地入股每亩800元，再加小麦补贴，作为保底收益进行第一次分红，总额约937.88元 ← 社员第一次分红
- 减去生产资料费用、作物保险、耕种管收费用等约1000元/亩
- 收益剩余约650元/亩，进行第二次分红
  - 村收益50%，约325元/亩
    - 社员二次分红60%，约195元/亩 ⇔ 社员带地入股，一亩地为一股
    - 村集体分红40%，约130元/亩 ⇔ 党组织领办合作社
  - 潍坊金丰公社收益50%，约325元/亩
    - 服务中心分红80%，约260元/亩 ⇔ 一般为村级社长收益
    - 公社基金20%，约65元/亩 ⇔ 县社收益（含金融费用）

潍坊金丰公社党建引领、双社共建，增加农民收入、壮大村集体经济

作物：小麦、玉米/年　单位：元/亩　每500亩为一个单位

托管总收益：小麦、玉米产出的销售额，大约2500元/亩（以实际收入为准，及时张榜公示），金丰公社整村推进生产托管销售额的2%为县社的收益，大约为50元/亩。

社员第一次分红：先保证社员土地入股每亩800元（400～900元），再加小麦补贴，作为保底收益进行第一次分红，总额约937.88元。减去生产资料费用、作物保险、耕种管收费用等约1000元/亩（以实际支出费用为准，及时张榜公示）。

第二次分红：收益剩余约650元/亩（村收益50%，约325元/亩；潍坊金丰公社收益50%，约325元/亩）。

村收益50%：1.社员二次分红60%，约195元/亩。2.村集体分红40%，约130元/亩。

潍坊金丰公社收益50%：1.村服务中心分红80%，约260元/亩。2.公社基金20%，约65元/亩。

农户、村集体（合作社）、金丰公社村级社长收入计算

农户：农户带地入股第一次分红800元+小麦补贴138元+第二次分红195元=1133元/亩（农户不用干活、不用投资，可以外出打工另外增加收入）。

村集体（合作社）：村集体二次分红收益的40%作为收入，约130元/亩（负责整合集中土地，最低50亩为一方）；500亩就是6.5万元。（壮大村集体经济，解决了村集体无钱办事的难题）

金丰公社村级社长：金丰公社收益的50%，再进行村服务中心分红80%，约260元/亩；500亩就是13万元（负责组织农机具、人工、生产资料、病虫害统防统治、浇水等农业生产服务费用约1000元，以实际支出为准，及时张榜公示）。做到不误农时，增加粮食产量。

备注：根据土壤质量、浇水的条件来协商评估土地的保底价格（400～900元）。

图 5-19　潍坊金丰公社托管收益分配

三是利益优先保障。农业种植容易遭受不良气候和病虫害等不可控因素的影响,在实际耕作服务中容易出现难以预测的费用投入。当发生种植风险影响粮食产量时,优先保障农户收益,保险优先赔付农户收益。

四是循序渐进原则。紧密结合每个行政村的产业发展、水利设施、党群关系等因素进行综合衡量,选择种植基础好、水利设施好、党群关系好的行政村先行先试。

(三)峡山区郑公街道乡村振兴的建设成效

2021年郑公街道率先在中岭村、南张洛村两个村党支部领办的合作社推进土地托管示范,土地托管面积达到1500多亩。通过不断总结经验,加快推广步伐,力争用三年时间在全街道30%的行政村,村党支部领办合作社与金丰公社实现双社共建,推进土地托管工作,促进农民增收、农业增效、农村发展。

一是通过聚合种植业产业链各环节上的优质资源,包括种子、农药、化肥、农机具、农业服务及农业金融等,整合各类优质资源为种植者提供服务,以金融手段加快土地流转,加快农业从分散到集中的过程,实现农场化、规模化经营。

二是农户不仅可以获得统一采购的优质化肥、种子,而且保证了农资的真实来源与实惠价格。通过这种模式为年轻务工农民、老病弱农民、离家在外农民提供省心、省力的托管服务,解决了农民四处奔波购买农资、寻找机械、服务质量不能保证等难题,为农民提供最安全的土地服务保障,从而有效助推农业标准化、规模化种植。

三是加快了土地流转、托管的整体化进程,提升了国家粮食战略安全性。土地托管不仅有利于高标准农田建设,还为提升粮食品质、提高粮食竞争力提供了有力保障;同时对土地进行科学、系统的管理,避免了土地地力透支,进一步提高了耕地地力,实现了可持续性发展。

（四）峡山区郑公街道乡村振兴的经验启示

党的十九大报告指出，要实施乡村振兴战略，深化农村土地制度改革，构建现代农业产业体系、生产体系、经营体系，发展多种形式适度规模经营。土地托管与土地流转是深化农村土地制度改革以及发展多种形式适度规模经营的前提和主抓手，在深入推进农业供给侧结构性改革、加快培育农业农村发展新动能的新阶段，土地托管与土地流转理应成为乡村振兴战略的大平台。

峡山区郑公街道进一步落实党中央《关于大力推进农业生产托管的指导意见》《关于促进小农户和现代农业发展有机衔接的意见》，加快构建现代农业产业体系、生产体系和经营体系，推进农业适度规模化经营，壮大了农业生产社会化服务组织，有效促进了农民增收、农业增效、农村发展。

第六章　融入新发展格局，推动潍坊乡村振兴

第一节　推动潍坊经济社会高质量发展

党的十九届五中全会提出，加快构建以国内大循环为主体、国内国际双循环相互促进的新发展格局，这是党中央根据我国发展阶段、环境、条件变化，特别是基于我国比较优势变化，审时度势做出的重大决策[1]。潍坊市委经济工作会议也明确强调，要深入贯彻落实习近平总书记2021年10月在山东考察时嘱托山东"努力在服务和融入新发展格局上走在前"的指示要求，立足新发展阶段，贯彻新发展理念，融入新发展格局[2]，坚定不移推动潍坊市经济社会高质量发展。

一、潍坊市经济发展现状

近年来，潍坊市认真贯彻习近平总书记重要批示精神和党中央决策部署，齐心协力、攻坚克难，经济社会发展保持了稳中向好、进中提质的良好势头。潍坊市工业门类齐全，制造业数量约占全省制造业总量的10%、全国制造业总量的1%，正努力打造动力装备、新一代信息技术等"5个1000亿级产业链"及生物医药、纺织服装等"10个500亿级产业链"。

潍坊市产业门类齐全，制造业及农业基础雄厚、优势突出，创新要素高度集聚优势进一步凸显。潍坊市经济增量主要来自优势的制造业、农业增长。2020年，全市规模以上工业企业实现营业收入8755.1亿元，

---

[1] 韩文秀.推动经济实现质的有效提升和量的合理增长[J].企业观察家，2022（10）：52-55.

[2] 冯志峰.中国共产党领导经济工作的制度体系[J].东方论坛，2023（1）：10-23.

增长 3.1%；实现利润 445.9 亿元，增长 24.3%。2020 年，潍坊农业总产值首次突破千亿元，农产品出口额突破百亿元，农业产业化优势进一步扩大，农业开放发展一直走在全省、全国前列。2022 年，潍坊市生产总值达到 3523 亿元，同比增长 3.7%，经济运行正稳步高速增长。

潍坊市人口资源禀赋突出、交通基础设施完善、历史文化底蕴深厚，以极其重要的战略位置、得天独厚的资源优势、稳中求进的发展趋势被推选为目前中国最具投资潜力和发展活力的新兴经济强市之一。潍坊市动力装备、高端化工等 15 个优势产业链全面实施"链长制"，有针对性地引项目、上项目，潍柴集团商业化柴油机、天瑞重工磁悬浮鼓风机、盛瑞传动 8AT 自动变速器、豪迈科技精细化工全连续流工艺及装备等技术成果达到国际领先水平，科技研发创新为潍坊市高质量发展进一步赋能提速。

二、潍坊经济社会高质量发展存在的问题

（一）城市可持续竞争力有待进一步加强

潍坊市需要从以下几个方面增强城市可持续竞争力。

一是城市枢纽地位有待进一步加强。潍坊市城际交通联系和物流通达程度与省内外临沂、烟台、无锡、惠州、温州等先进城市相比仍有较大的差距，城市区域联系尤其是消费品类与区域内其他城市的联系相对较弱，还有较大的提升空间。

二是商业资源集聚度不高。潍坊市商业业态丰富度欠佳，核心商圈辐射范围不广，优质大品牌和地方特色品牌欠缺，缺乏代表性高品质商业圈，商业区综合实力有待提升。

三是文化旅游产业融合发展存在短板。潍坊市旅游行业发展滞后，2020 年全市接待国内外游客人数（5098 万人次）和旅游总收入（509 亿元）均远低于温州、台州、无锡、烟台等城市，未能充分挖掘自身传统历史文化的独特价值，未能实现文化旅游产业的优势互补、深度融合。

（二）高质量开放发展的程度有待进一步加深

潍坊市需要从以下几个方面加深高质量开放发展的程度。

一是产业发展的开放度相对较低。潍坊市对外开放的优势领域主要集中在品牌农业等传统优势产业，外商投资主要集中在食品加工、纺织服装及机械制造等传统工业领域，占比接近50%；出口产品大多处于产业链的中低端，产业附加值较低。

二是扩大开放的服务支撑较为薄弱。对比青岛、深圳等城市，潍坊市公共设施的国际化规划建设仍有差距，尤其是在举办国际性活动时，服务配套能力有所不足。在国际化人才储备方面，缺少针对开放型经济及国际经济合作领域的专家智库，在宏观经济、政策解读、发展趋势等领域的深度研究不足；缺少懂外语、熟悉涉外业务、具有涉外招商经验的人才，难以满足外资外贸企业高端人才的用工需求。

（三）产业结构偏重问题仍然突出

以装备、化工、食品等为代表的传统产业占比远高于以电子信息、新能源、新医药、节能环保、智能装备等为代表的新兴产业，仅装备工业和石化化工产业就占据了潍坊制造业的半壁江山，制造业持续发挥比较优势受到一定的制约。

产业链协调能力有待加强。潍坊制造业的集聚区分布在多个县市区，存在土地要素使用粗放、规模小、产业链条短细等问题，缺乏供、产、存、销、研等的协同作用。

市场集中度相对不高。从产业选择来看，新能源汽车、新一代信息技术、生物医药、新材料、高端化工等都是由传统产业转型发展而来，受制于原产业的裂变、技术迭代能力和创新管理能力，新兴产业起步晚、规模小，技术优势不明显。目前潍坊战略性新兴产业占比不足20%，"四新"经济占比不足25%。

（四）城区夜经济发展存在短板

夜经济蕴含着无限商机，超过 60% 的城市消费发生在夜间，充分挖掘好、利用好夜经济这个"消费新蓝海"对于推动城市高质量发展的作用和意义不言而喻。通过对潍坊市城区的商业步行街和夜市、商业综合体、夜间餐饮、夜间旅游和健身等多种业态的沉浸式探访可以发现，城区夜经济已初具规模，但还存在不少短板。

一是城区夜经济的业态模式略显单一，局限在餐饮、购物等方面，各大商业综合体、餐饮店、商业步行街是带动夜经济发展的"主力军"。在休闲娱乐、文化艺术等方面，让广大市民参与性、体验感比较强的夜经济业态发展有些滞后，没有一处真正能够让市民实现"一站式"食、购、娱、游、演、体的综合性夜间消费场所。

二是城区未真正打造起一个夜间文化旅游项目。潍坊市历史文化资源非常丰富，十笏园文化街区、杨家埠民间艺术大观园、1532 文化产业园等文化底蕴均较为深厚，但挖掘深度不够，没有形成自己的特点和亮点，未能形成品牌效应，对市民的吸引力不足。目前城区重点打造的凤溪地万物集等夜市更多还是停留在"买"的层次，多数创意不足，缺乏特点，在丰富市民精神文化生活方面的作用不够显著。

三是现有的基础配套设施和公共服务还难以满足市民太高层次的夜间消费需求。以公交车线路为例，城区已经打造了多条城市夜经济专线，并对部分公交线路进行了末班延时服务，最大限度地为市民提供便利；但是，一方面宣传力度还有待加强，市民知晓率有待提高，另一方面线路本身的覆盖率有待加强，尤其是一些偏远位置的夜经济专线，密度还可以进一步提高。

四是公共服务不够完善。城区现在夜间消费比较旺的一些地方都存在较为严重的停车难问题。例如，蓉花路在夜间消费期间停车需要很长时间，周末等特殊时间段甚至很难找到停车位，无形中"劝退"了很多消费者。

三、推动潍坊经济社会高质量发展的建议

在今后的发展中,潍坊市应进一步推动各类创新要素高度集聚,促进人才链、创新链、产业链深度融合,打造具有影响力的科技创新策源地和新兴产业聚集地,进一步以科技创新引领、支撑潍坊市经济社会高质量发展。

(一)巩固提升城市枢纽地位

建议潍坊进一步突出自身商贸流通发达的货运特色,借鉴巴黎"公交与城市发展一体化、多种交通方式一体化、交通枢纽与商业一体化"的发展理念,着力打造交通引导发展的枢纽经济体。增强城际交通联系与物流通达度,加快推进胶东经济圈城际铁路公交化运营,优化公交运营网络,实现中心城区公交站点500米覆盖率达到100%。加快传统商贸流通业转型升级,大力发展城市共同配送,打造全国农商互联"潍坊模式";加快推进潍坊北站高铁物流基地建设,力争建成国家高铁快运中心城市。

(二)推进商业品牌升级与核心商圈布局优化

建议潍坊优化调整商业品牌与业态,加快推进"好品潍坊"建设,着力打造特色性、代表性优质品牌,提升潍坊"老字号"、潍坊特色餐饮等品牌价值,实现商业资源的二次升级。持续开展"放心消费在潍坊"活动,营造消费者放心满意的消费环境,吸引优质品牌、大品牌落户潍坊商圈。大力推进中央商务区建设,注重聚势塑核,优化功能结构,坚持生态立区,强化科技支撑,全力打造高能级、复合型、公园式、智慧化中央商务区。提升城市商业消费品质,推进潍坊区域金融中心、高新区吾悦广场等重点商业项目建设,建设一批高品质特色消费街区,繁荣发展夜经济,打造区域性消费中心城市。

(三)推动城市文化旅游产业深度融合发展

建议潍坊充分发挥历史文化特色优势,鼓励非遗创新发展与文博资源开发,丰富发展农耕文化、渔盐文化、手工艺文化和商贸文化,传承

发扬青州花毽、诸城派古琴、高密剪纸、风筝年画等非物质文化遗产[1]，并将其融入旅游产业。

利用杨家埠民间艺术等旅游资源，加大力气发展民俗旅游，使潍坊成为中外游客认识中华民俗的重要旅游城市。保护十笏园、坊茨小镇、于家大院等历史文化街区的历史遗存及历史风貌的真实性、完整性和社会生活的延续性，保持街区活力，打造独具特色的历史文化名城。改造提升潍坊 1532 文化产业园、十笏园文化街区等夜间文化旅游消费集聚区，大力振兴夜间文化旅游经济，全力打响"夜享风筝都"品牌。

推进旅游商品创意研发，推动文化旅游景区转型升级，加强与青岛、烟台、威海、日照等胶东经济圈兄弟城市的对接，共同打造一批深度旅游、全域旅游品牌项目。

（四）通过科技创新加速产业融合发展

潍坊市通过以下科技创新举措加速产业融合发展。

一是全面激活科技要素市场。建立健全科技成果转移转化机制，激发应用活力。加大对优质科创企业的金融支持力度，最大限度地发挥政策性金融作用；进一步完善投融资体系，支持科技企业发展。

二是增强潍坊国家高新技术产业开发区创新辐射效应。围绕加速产业集聚发展、壮大战略性新兴产业、加快产业优化升级、优化创新创业生态、培育创新企业群等方面，加快发展壮大高新技术产业。鼓励以高新技术产业开发区为主体整合或托管区位相邻、产业互补的各类工业园区、开发区、镇街等，打造更多集中连片、协同互补、联合发展的创新共同体[2]，加强推动提升开放创新力度。

---

[1] 中共潍坊市委关于制定潍坊市国民经济和社会发展第十四个五年规划和二〇三五年远景目标的建议[N].潍坊日报，2020-12-31.

[2] 自治区人民政府办公厅关于推动高新技术产业开发区高质量发展的意见[R].宁夏回族自治区人民政府公报，2021-12-31.

（五）推动产业集群化发展

建议聚焦"十强"产业，梳理重点产业链，全面推行"链长制"。全面发挥"链长制"的作用，通过产业集群化推进先进制造业发展，统筹推进龙头企业带动、重大项目建设、技术创新驱动、公共平台支撑、建链强链补链、集群品牌提升等工程，龙头企业通过股权合作、战略联盟和产业集群等模式实施产业链垂直整合，进而催生"平台＋生态""龙头＋配套""承接＋转型"的产业发展新生态。

以建设国际动力城为引领，加快推进潍柴国际配套产业园、商用车新能源动力总成系统制造基地等项目[1]；以豪迈科技、山东浩信机械有限公司等优势企业为龙头，重点发展数控机床、轮胎模具和智能铸造等产业。

（六）推动夜经济繁荣发展

潍坊市采取以下措施推动夜经济繁荣发展。

一是出台扶持政策打造特色品牌。建议潍坊市尽快出台更加细致完善的扶持政策，可以出台一些关于降低夜经济发展成本、放宽贷款政策、减免税收费用等方面的扶持政策，带动更多创业者或者小微企业投入夜经济发展当中。此外，应该根据潍坊城市发展特点，引入现代新兴消费业态，挖掘夜间消费新动能，加强夜间经济的环境营造，助推城市夜经济发展。

二是进一步创新文化活动载体。在发展夜经济过程中，深入挖掘潍坊宝贵的城市文化特色和历史文化资源，可以以民俗、非遗等为载体，打造有潍坊特色的夜经济发展新亮点，打造潍坊特色品牌，彰显城市特色，为夜经济聚拢人气、增加活力。例如，打造有潍坊特色的餐饮品牌，提升潍坊"老字号"、传统商业街区和文化街区的价值与影响力，逐渐激发城市夜经济活力，通过多种方式发力，助力潍坊市夜间经济实现价值

---

[1] 周志霞，李庆军. RCEP背景下潍坊对外开放新高地建设研究[J]. 潍坊学院学报，2022（3）：1-3.

延伸、体验升级,让游客玩得好、留得住、还想来。

三是合理规划、完善相关配套设施和服务。例如,可以从延长夜班公交车营运时间,增加夜间灯光效果,完善景区周围的餐饮、住宿、交通配套设施等方面入手,同时加大对文化旅游、休闲娱乐项目等夜经济品牌的宣传和推广力度,可以利用多种新媒体形式来进行宣传,扩大影响力、打造知名度、提高美誉度。

(七)进一步优化对外开放发展的服务支撑

建议加快推进"以港兴市"战略,在国际互联互通大通道上重点突破,推动潍坊海关与青岛关区联动发展,建设现代化保税港区,降低企业贸易成本。加强开放发展人才体系建设,完善外语实用人才引进和培育机制,为国际化建设提供人才支撑。

加强政策资金保障,大力支持开放发展重大项目、重要活动、重点平台建设,高标准建设境外经贸合作和产业集聚引领区,支持企业建设海外生产基地,打造潍坊市企业"走出去"集聚地。进一步提高规模以上工业企业利润额,持续增加二、三产业投资比重,进一步加强金融与科技融合发展,打造产业开放发展的良好环境。

第二节 推动潍坊现代农业高质量发展

一、潍坊市现代农业发展现状

农业是百业之基,也是潍坊市的优势产业。在农业方面,潍坊以"三个模式"助推乡村振兴战略实施,科技赋能现代农业发展潍坊市走在了全国前列。

潍坊市以雷沃重工、英轩重工有限公司等企业为龙头,重点发展农副产品精深加工、智能大型拖拉机、多功能联合收获机械等新型智能农机装备，建设全国重要的智能农机装备生产基地；以潍坊日本高端果蔬基地、中日韩现代高效农业示范园、农业开放发展综合试验区现代农业（畜牧）产业园建设为牵引，打造国际化高品质现代农业产业生态圈。

全市17家企业上全国农业龙头企业500强榜单，全国唯一的农业开放发展综合试验区落户潍坊，全国蔬菜质量标准中心、全国畜禽屠宰质量标准创新中心、国家现代农业产业园等一批"国字号"重大平台建成，"中华预制菜产业第一城"建设全面起势，北京大学现代农业研究院致力于打造全国现代农业科技"硅谷"和世界知名农业科技成果研发转化平台。

2022年，全市粮食播种面积达到1027.9万亩，比上一年增长2.3%；粮食总产量达到435.9万吨，同比增长2.6%；粮食单产424.0千克/亩，同比增长0.3%。自2012年以来首次实现面积、总产、单产"三增长"。棉花产量为4339吨，下降了28.3%；花生产量为17.9万吨，下降了5.7%；烤烟产量为1.7万吨，下降了4.7%；蔬菜及食用菌产量为1306.6万吨，增长了4.4%；园林水果产量为100.8万吨，增长了9.5%。农业机械化水平进一步提升，2022年，全市农机服务组织发展到3679个，农机户达到52.5万户，农业机械总动力达到1082.6万千瓦，比上一年增长3.3%；农作物耕种收综合机械化率达到92.7%。

二、推动潍坊现代农业高质量发展的建设原则

潍坊市现代农业的发展要深入贯彻习近平总书记系列重要讲话精神，主动适应经济发展新常态，继续全面深化农业改革。要坚持"三产融合、四化同步、五位一体、城乡统筹"，着力转变农业经营方式、生产方式、资源利用方式和管理方式，努力在促进农民增收上获得新成效，确保潍坊现代农业继续走在全省、全国前列。

（一）农民为主，政府推动，多主体参与现代农业发展

在现代农业发展进程中，家庭联产承包责任制的实施极大地激发了农民的生产积极性，农业经济发展取得了长足进步。在农业文明建设中，要充分发挥村民自治作用，与村民利益相关的具体事务可由农民自己根据需要来决定。政策鼓励、支持农民按照自愿原则发展多种专业合作经济组织，帮助农民增收致富，奠定现代农业发展的物质基础。强调农民是现代农业发展的主体，绝不意味着政府可以撒手不管，在现代农业发展中政府有不可替代的作用，农业重大发展规划、重大项目建设离不开政府的指导帮助与统筹安排。

（二）整体推进，突出重点，实现现代农业协调发展

现代农业的发展是一项整体工程，各部分之间相互作用、相互制约。在建设进程中，需要将农业的"五个文明"结合起来，实现农业社会的整体发展与文明进步。对于农业优势相对不明显的村庄而言，现代农业发展的重点应放在物质文明建设上，即要在发展乡村经济、加强市场体系建设、转变农业增长方式、促进农民增收等方面下功夫，优先保证农民的生活富裕。

（三）因地制宜，循序渐进，有计划地开展现代农业建设

由于潍坊市各地农业经济发展水平不同，地域文化也有一定的差异，因此在开展现代农业建设时没有统一的标准与模式可循，更不可能一蹴而就。现代农业的高质量发展需要经历不懈努力与长期奋斗，正如恩格斯所说的，文明时代是社会发展的一个阶段，由于它的矛盾对抗性质使它逐渐为更高的新型文明所代替[1]。各地只有因地制宜、实事求是，才能建设出具有自身特色的现代农业发展之路。

---

[1] 夏淼.当代中国乡村文明建设研究[D].兰州：兰州大学，2011.

（四）城乡统筹，全面发展，工业助力现代农业发展

长期以来，受城乡二元经济社会结构影响，我国工农业发展不均衡，城乡经济发展不协调，社会资源流动不合理，这些都拉大了城乡经济差距并影响了现代农业建设进程。要以统筹城乡为基本思路，以工业反哺农业为手段，推进城乡建设全面发展。要健全城乡发展一体化体制机制，加快建设现代农业，加快推进农民增收，走出一条集约、高效、安全、持续的现代农业发展道路。

在现代农业发展进程中，政府应加大对农业的政策倾斜力度，并把各种惠农政策落到实处。要建立城乡统一的生产要素市场，为农民提供更多、更公平的就业机会，增加农民增收途径。工业反哺农业，即鼓励工业将资金等生产要素更多地投向农业，改造传统农业，提升农业发展水平；工业的部分产业链条向农村延伸，带动乡镇企业发展。

三、推动潍坊现代农业高质量发展的建设重点

现代农业的发展不仅是农村内部、农民自己的事，而是全社会的共同事业，其追求的不仅是农业外观形式上的变化，还包括农业内在结构的变化。为此，需要加快转变农业发展方式，全面深化农业改革，全面推动农业现代化及农民现代化。

（一）推进潍坊特色农业现代化建设

当前推进潍坊现代农业文明最紧迫的、核心的任务就是走潍坊特色农业现代化道路[1]。潍坊市推进农业现代化建设的发展路径主要有以下几种。

1. 大力提升农业产业化经营

纵观发达国家农业现代化的发展路径，普遍是用工业的方式发展农业。农业不向产业化方向发展，农业现代化就失去了支撑；反过来说，只有从

---

[1] 贺德良.全市农村工作会议召开[N].潍坊日报，2015-02-12.

根本上转变农业的发展方式，农民增收增效才有保障。

为加速潍坊市农业产业化进程，要大力发展农业龙头企业，继续创建农业产业化示范基地，支持农业产业化示范基地开展技术研发、质量检测、物流信息等公共服务平台建设[1]。

要进一步培育优势产业，突出规模化经营，整合农业资源，集中优势产业，延长农业产业链条，实现优势互补和效益提升。农业产业应加速融合发展，在原有的"诸城模式""潍坊模式""寿光模式"的基础上，以农业供给侧结构性改革为主线，探索实施更高层次的农业产业化、服务社会化、农业智慧化，推进潍坊市高效农业发展。

2. 积极发展多种形式的农业适度规模经营

潍坊市要创新农业经营方式，加快构建现代农业生产经营体系，积极发展多种形式的适度规模经营。引导农民土地承包经营权有序流转，逐步推进规模化经营。加快培育农业经营性服务组织，积极稳妥开展农户承包地有偿退出试点[2]。

推行土地整村集中流转，将耕地全部流转到由村党支部领办的种植专业合作社，制定土地流转方案，对镇域土地进行统一规划。对于自愿单干的农户，按照原承包面积优先在规划区域内转包土地，进行自主种植，使农户承包地实现化"零"为"整"；对于同意集约经营的农户，土地由合作社统一集中经营，支付给农户土地流转费，年底进行分红。通过规模化经营，解决土地细碎化、种植效益不高、生产设施落后、集体经济薄弱等一系列问题，带动村庄整体发展。

3. 进一步创新农业营销服务

潍坊市应加强农产品产地市场建设，促进农业国际化发展；积极推广农产品拍卖交易方式。要加快培育新型流通业态，大力推动农村流通现

---

[1] 中国财经报网，http://www.cfen.com.cn.
[2] 同[1].

代化，健全各类经营性服务组织[1]。

加快推动潍坊市农产品品牌与第二、第三产业相融合，进一步拓宽农产品销售渠道。充分利用乡村旅游、休闲观光农业、创意农业等方式，促进品牌农产品的传播和销售[2]。探索在山东省内建立专卖店进行专柜专销与直供直销，尤其是在车站及景点等人流量较大的地方建立相对稳定的销售渠道。推广齐鲁大宗农产品平台交易、农产品电子商务、期货交易、农超（社）对接等新型营销模式，实现线上线下相结合、经营消费无缝对接，健全完善实体店与网点相结合的品牌农产品销售渠道；扶持引导出口企业在不断巩固东南亚等传统市场的基础上，开拓"一带一路"沿线国家市场。

4.深入推进农业品牌化建设

农产品品牌化经营对农业发展有很大的带动作用，但在2015年6月16日发布的"中国最具价值品牌500强"榜单中，食品及农产品加工行业潍坊市仅有得利斯入选。由此可见，推进潍坊市农业品牌化建设任重道远。

为此，要加强政策引导，营造公平有序的市场竞争环境，发挥有关行业协会作用，加强行业自律，规范企业行为。要坚持以品牌农业为统领，加快农业"转调创"步伐，开展农业品牌塑造培育、推介营销和社会宣传，实施"五位一体"品牌农业发展战略，打造农业品牌强市。要把"中国食品谷"作为引领潍坊农业发展的高端平台，打造潍坊农业新名片。要抓住关键环节实施品牌化建设，通过支持龙头企业和农民合作组织引导品牌建设，通过加大科技投入、强化质量监控为品牌建设提供保障，通过规范化管理提升品牌档次。

---

[1] 国务院办公厅关于加快转变农业发展方式的意见，http://www.yjbys.com.

[2] 卢优兰.根植本土文化的乡镇品牌培育战略研究——以广州从化吕田镇为例[J].牡丹江大学学报，2022（6）：95-100.

5. 提升农产品质量安全水平

潍坊市要全面推行农业标准化生产，继续完善农业标准化流程，鼓励农业经营个体开展标准化生产。加快农产品质量标准的制定、修订步伐，完善农业投入品管理、质量安全、产品分等分级、产地准出、包装标识等方面的标准。在不同农产品种植养殖生产环节建立技术标准化体系，在生产、成品验收、流通等各环节建立全程质量标准化体系，在区域品牌形成、传播与发展各阶段建立运营管理标准化体系，推动农产品标准化[1]。

继续抓好农产品质量安全，紧抓"产""管"环节，推动追溯链条向食品原料供应环节延伸，实现全产业链可追溯管理，全力打造潍坊市"安全农业"品牌。要继续提高农产品质量安全监管能力，进一步完善农产品质量监管体系，创建国家农产品质量安全区[2]，构筑食品安全屏障，着力打造全国农产品质量和食品消费最安全、最放心的地区。

6. 深入治理农业面源污染

大力发展节水农业，提高农业综合生产能力。潍坊市要落实最严格的水资源管理制度，大力发展农产品精深加工业[3]；实施农业节水改造等水利工程，加快建设现代水利示范市；要走高端高质高效和低碳生态可持续的发展路径，开发两河，加快河流水系生态建设，规划建设一批新型农村社区和特色园区，打造两河开发新亮点[4]。

深入实施化肥和农药零增长行动，推进农业废弃物资源化利用。潍坊市要坚持化肥减量提效、农药减量控害，深入推行测土配方施肥和绿色控害技术。要加强畜禽养殖污染治理，加大农业面源污染治理力度[5]。

---

[1] 探寻我国农产品区域品牌标准化建设有效路径[R].南阳市人民政府公报，2020-03-15.

[2] 2015年潍坊市政府工作报告（全文），http://blog.sina.com.

[3] 国务院办公厅关于加快转变农业发展方式的意见，http://www.yjbys.com.

[4] 中国财经报网，http://www.cfen.com.cn.

[5] 同[3].

（二）推进潍坊新型农民现代化建设

1. 大力培育新型职业农民

农民是农业的主体，现代化农民是实现农业现代化的主体力量。推进乡村全面振兴的关键是要加快培育一批具备复合技能的新型职业农民。潍坊市要加强乡村人才队伍建设，更大力度实施人才强市战略，鼓励各行业培育和引进行业领军人才（团队）。要充分发挥高职院校在培养新型职业农民中的主体作用，可由政府统筹规划，政府与学校协同合作，为潍坊市农业文明发展培养一批新型职业农民。

实施乡村振兴人才支持计划，实施乡村振兴巾帼行动、青年人才开发行动，支持培养本土急需紧缺人才。将技术、管理等现代生产要素引入农业，依托乡村人才实训基地、田间课堂等载体，开展好以推动劳动力转移为重点的就业技能培训、以种植养殖农民为对象的乡土人才专业技能培训、以合作社带头人为对象的经营管理培训，努力培育一批带领技艺传承、带强产业发展、带动农民致富的产业型能人。以人才培育为目标，以继承和弘扬传统技艺技能为重点，吸引文艺青年带动乡土人才就业创业，做好文创产品开发，用艺术点亮乡村，用文化赋能乡村振兴。

2. 进一步培育壮大新型农业经营主体

扶持发展新型农业经营主体，重点扶持农业经营大户。应支持农业补贴资金向种粮农民及家庭农场等新型农业经营主体倾斜[1]，支持建立健全由财政支持的农业信贷担保体系[2]，探索开展产值保险、目标价格保险等试点工作。

针对潍坊市特色农业产业，形成以家庭承包经营为基础，专业大户、

---

[1] 王迎春. 中国农民收入分配制度变革效果评估研究[D]. 湘潭：湘潭大学，2015.

[2] 黄维，梁汝文，何良俊，等. 新型农业经营主体培育存在的问题及其对策[J]. 钦州学院学报，2017（2）：96-100.

特色家庭农场、农民合作社、产业化龙头企业为骨干,产业联盟协会等其他组织形式为补充的新型产业联合体[1],带动小农户合作经营、共同增收。加大对产业联合体带头人的专项培训,采取贷款贴息、定额无抵押贷款等方式,鼓励有技术的返乡农民工、大中专毕业生、退伍军人、科技人员等创办领办新型农业经营主体,成为职业经理人[2]。加快整合各渠道涉农培训资源,使产业联合体变成乡村振兴的"利器"。

第三节　推动潍坊现代农村高质量发展

建设现代化新农村,大力提升农村政治文明、精神文明、社会文明,是推动潍坊市农村高质量发展的建设重点,也是引领推动乡村振兴的科学路径。现代化新农村建设进程中,应从各自的实际情况出发,广泛收集民意,找准建设的切入点和重点,聚焦村民自治、乡风文明、社会保障及教育医疗等方面的疑难问题,并适应新情况的变化而不断加以调整。

潍坊市要全面推进农村法治建设,完善村民自治制度,鼓励农民参与村级事务管理,保障农民民主权益,建设农村政治文明;培育良好村风民俗,提升农民素质,丰富农民精神生活,建设农村精神文明;完善农村公共服务体系,改善农村办学条件,推进农民养老和医疗保障制度建设,建设农村社会文明[3];努力在建设新农村上迈出新步伐,力争使潍坊现代农村发展走在全省、全国前列。

---

[1] 市人民政府办公室关于印发《遵义市发展区域特色产业推动产业脱贫攻坚指导意见(2017—2019年)》的通知[R].遵义市人民政府公报,2017-10-15.

[2] 赵锦春.培育壮大江苏新型农业经营主体研究[J].江南论坛,2022.(2):4-9.

[3] 李晓荣.社会主义新农村建设中的思想政治教育研究[D].北京:中国矿业大学,2010.

一、健全和完善村民自治，提升农村政治文明

始于20世纪80年代初的村民自治是我国农村基层民主政治建设的一项伟大实践，是国家治理体系的重要组成部分，也是农业文明的有效实现形式。目前的村民自治机制需要不断在组织、机制方面进行深入探索。

（一）推动乡镇职能转变，理顺乡镇政权与村民自治的关系

夏淼等研究发现，《中华人民共和国村民委员会组织法》对村民、村民委员会和乡镇基层政府的定位做出了明确规定，村民实行自治，"实行民主选举、民主决策、民主管理、民主监督"[1]。这一规定为调整理顺村委会和乡镇基层政府的关系提供了法律依据，乡镇党委、政府与村委会由以前的"领导"关系变成了"指导"关系。

乡镇政府要按照"有所为，有所不为"的原则，凡是村民、村委会、市场能够解决的问题，政府就不要插手，改变过去那种直接管理经济、直接干预微观经济活动的工作方法，把指导工作的重点放在指导和帮助村委会正确理解和贯彻执行《中华人民共和国宪法》、法律法规和国家政策上，放在指导村委会搞好本村的发展规划、公共事务和公益事业上，放在指导村委会关心群众的生产和生活、帮助建立中介服务组织和农技服务组织上，放在为农村的各种合作经济组织、承包经营户、专业户提供服务上。

（二）健全自治机制，提高村民自治效果

村民自治作为一种现实的制度设计，不仅需要自身的完善，更需要在现实中得到贯彻和落实。

首先，要对自治组织进行权力的合理分工和有效制约，明确各机构的职责范围，分工负责，进一步健全以村民会议、村委会、村民代表会

---

[1] 夏淼.当代中国乡村文明建设研究[D].兰州：兰州大学，2011.

议、村民小组为主体的村民自治组织体系。

其次,推进"四个民主"的协调发展,健全村民自治组织功能。要规范和完善村委会民主选举制度,逐步建立普遍直选机制;要尽快完善村民民主决策、民主管理、民主监督制度,以保证民主的真实有效;建立议事决策机制,保证村民群众对村级重大事务的讨论决定权,落实民主决策,从而充分发挥农民群众在村级治理中的主体作用[1]。

最后,建立村"两委"的协调机制。从制度上对村党支部和村委会的各自职权范围做出合理的界定划分,村党支部应将主要精力放在指导村经济政治发展方向、协调村内各类组织之间的关系及自身组织建设等方面,村民委员会尽可能自主处理村内事务,村党支部应支持和帮助村民委员会独立负责地开展活动;针对当前鼓励村主任和村党支部书记一肩挑的形势,应通过村民代表会议协调村党支部与村委会之间的关系,完成对乡村社会的有效治理。

(三)鼓励普通民众和民间组织参与,提高基层自治水平

民主自治理论告诉我们,通过民众的民主参与,通过民众的讨论、协商来制定大多数人生活于其中的那些领域的政策,政治冷漠可以在大多数情况下被消除。因此,应在农村推行"民主自治",通过推进信息公开、健全议事协商、强化权力监督等步骤完善乡村治理的运行机制,提高基层自治水平,促进农村民主管理质量的全面提升及农村公民社会的形成。

二、培育良好村风民俗,提升农村精神文明

农村精神文明建设是现代农业文明建设的灵魂,包括思想建设和乡村文化建设两个方面的内容。农村精神文明建设应立足农民和农村,通过开展与农民切身利益和精神生活相关的文明建设活动来增强广大农民对乡村的归属感和自豪感,积极培育农村互助合作精神,增强农村社区凝聚力。

---

[1] 白蕴芳.农村和谐社会构建研究[D].咸阳:西北农林科技大学,2009.

（一）提升农民素质，形成良好社会风气

农民是农业文明建设的主体，是文明建设的受益者，推进农村精神文明建设的首要任务就是提高农民的素质，建立和睦、互助的良好社会关系[1]。

首先，通过普法教育提高农民的法治意识。在普法内容上，要增强针对性，普法内容应尽量贴近农民的实际生活和法律需求；在普法对象上有所侧重，除了全面普法以外，重点是加强对村干部的民主法制教育，使其树立依法治农的观念。

其次，要对农民进行市场经济知识和科学文化知识教育，帮助其树立市场观念、竞争意识，让农民尊重科学、懂得科学、自觉创造，用科学的手段发展经济，努力形成"学科学、爱科学、讲科学、用科学"的良好社会风尚；持续开展"反封建、反迷信、反黄毒赌"活动，净化社会风气，改善农村精神风貌。

在农村精神文明建设中，要促进文化、法制、道德的有机结合，以科学文化来提高村民思想素质，以社会公德来制约个人行为，以文明村风来加强村民和谐。

（二）开展多种文化活动，丰富农民精神生活

长期以来的城乡差距在一定程度上降低了农民的幸福感，在当前农村社会保障不足的情况下，农民所面临的现实经济压力及生存的窘迫感会加强部分农民的人生无意义感，使其缺乏人生进取精神。农村精神文明建设的目标就是要提升农民的精神生活质量，要采取适宜农民的、让农民喜闻乐见的有效方式。

首先，经常组织形式多样、内容健康的文化娱乐活动，引导农民由传统生活方式向现代文明生活方式转变。

---

[1] 齐敏.浅谈新农村乡风文明的建设[J].新课程：教育学术，2012（1）：163.

其次，积极开展精神文明创建活动，把法治意识、民主意识、诚信意识、环保意识、公德意识等作为新形势下文明创建的重要内容，使精神文明建设内容随着新形式、新活动的展开而不断得到传播。

最后，改善农村文化基础设施，由上级政府、村集体出资为村文化中心配备文化设施，从而在潜移默化中提高村民的素质，引导其形成科学文明的生活方式[1]。

（三）立足农村传统文化，建设农村精神文明

现代农村精神文明建设不是以城市文化来改造乡村文化，以工业文明代替农业文明，而是吸收农村传统文化，对农村传统文化进行扬弃的过程。农村精神文明建设在确立目标、供应文化产品、设计文化宣传内容及手段、安排文化活动形式等方面要充分考虑农村文化的特点，既要符合农民的心理特点和职业特点，又要适合农民群体的需求结构。

一是要继承发扬传统农村文明中积极向上的价值观，弘扬良好的社会公德、家庭美德和个人品德。在构建现代农村文明、塑造农村社会核心价值体系时，要把传统农村文明中和谐、好德的价值观念以及讲信修睦、守望相助、疾病相扶持的传统道德与当今中国特色社会主义理论相结合，在社会主义发展和文明的跃迁中，重建农民精神信仰，使农民核心价值观呈现出独有的中国特色、乡土特色，并成为农民现实活动的价值追求和精神动力。

二是要努力发掘农村的村落文化、乡土文化，注意保护乡村文化的多样性，在挖掘、弘扬乡村文化艺术形式的同时，注入现代内涵，实现民族文化的传承[2]。一方面，要注重发掘、整理和保护乡村优秀民族民间文化资源，如民间戏曲、民间传说、民间歌舞等，抢救即将失传的乡村文艺形式，做好民间文化遗产抢救工作；另一方面，要注重开发

---

[1] 白蕴芳.农村和谐社会构建研究[D].咸阳：西北农林科技大学，2009.

[2] 夏淼.当代中国乡村文明建设研究[D].兰州：兰州大学，2011.

具有民族传统与地域特色的民间艺术和民俗表演项目，推广以民俗为核心的民间文化，形成文化生产力[1]，增强乡村居民的凝聚力、向心力和社会认同感。

三、完善农村公共服务，提升农村社会文明

农村文明建设离不开稳定有序的社会环境，农村社会文明是农民形成科学、健康、文明生产生活方式以及构建安定有序农村生活的重要保障，也是体现现代农业文明程度的基础条件。农村社会文明建设要加快发展农村社会事业，使农村社会在教育、医疗、社会保障、基础设施等方面逐步缩小与城市间的差距，确保农民生活安康。

（一）提升村容村貌，建设美好家园

现代农村文明建设的终极目标是构建农村美好家园，恰如2015年1月习近平总书记在云南考察工作时所强调的，新农村建设一定要走符合农村实际的路子[2]。

潍坊市要加快建设社会主义新农村，继承传统农村文明精华，重塑价值观，构建农村美好家园。推进现代农村文明建设，一方面通过挖掘传承乡土文化，促进乡土文化的繁荣和发展，可以凝聚民心，激发农民的自豪感和幸福感，夯实农村社会的文化根基，增强中华民族的精神动力；另一方面，农村文明建设使农村在传统与现代的交织中永续发展，农民则在农村资源的开发与利用中被诸如专业合作社等各种民间组织所整合，乡村在城乡互动中成为诗意的栖居之所。

要大力发展乡村旅游，建设美丽乡村。首先，积极发挥政府主导作

---

[1] 王钰，伴彩霞.饮食文化视域下乡村旅游可持续发展研究——基于对涉藏地区饮食文化的探讨[J].黑龙江粮食，2022（2）：99-101.

[2] 李正光.体验经济视角下我国乡村民宿发展中存在的问题和策略研究[J].河北交通教育，2018（4）：52-54.

用，推动乡村旅游健康发展，政府应加大对乡村旅游建设项目的政策扶持、规划引导与管理支持。其次，注重分类管理指导，打造具有地域特色的发展模式，全市各级政府要重点进行政策扶持与引领，塑造乡村旅游的独特性与民俗性。最后，合理规划乡村农业资源、产业资源、景观资源、非物质文化遗产等，应全面做好乡村旅游资源的普查梳理工作，并进一步突出当地特色民俗文化。

（二）重视农村教育事业发展，改善农村办学条件

农村教育事业发展既是农村社会文明建设的重要发展目标，更是现代农业文明形成的基础性前提。现阶段潍坊市农村教育发展仍不平衡，潍坊市在"十一五"初期就全部免除了农村义务教育阶段的学杂费，但要促进城乡义务教育均衡发展，除了实行免费的义务教育以外，还要不断改善农村办学条件，提高教育质量，建立农村义务教育稳定投入机制，加大政府对义务教育的投入力度。另外，要优化教育资源配置，确保城乡受教育对象都能获得相对公平的受教育权利。

（三）发展农村社会事业，提高农民生活质量

农村社会事业是农业文明的重要支撑，是改善农民生产生活条件的重要物质基础。

首先，应加强潍坊市农村中小型基础设施建设。加大以改善农民基本生产生活条件为重点的农村中小型公共基础设施建设投入，加强农村的交通通信、供电供水和生态环境建设，提高农业综合生产能力。

其次，要逐步提高农民的医疗保障水平。要解决当前农民最迫切需要解决的看病难、看病贵、医保水平低的问题，着重推进新型农村合作医疗的制度建设；改善农村卫生基础条件，健全农村三级医疗卫生服务和医疗救助体系，提高农村卫生机构的服务能力和效率；要加强农村卫生基础设施和卫生队伍建设，积极组织城镇医疗机构和人员支持农村医疗卫生工作。

最后，要完善农村社会保障体系。为更好地实现城乡一体化发展，农村的社会保障也需要与城镇社会保障制度有效对接，可逐步在农村地区试点社会保障项目，如新型农村生育保险、新型农村失业保险、新型农村工伤保险等[1]。着重建立农村最低生活保障制度、农村社会养老保险制度，切实做好农村特困户救助和"五保户"供养工作；要建立多层次的农村养老保险制度[2]，探索农村养老保险制度新方法。

---

[1] 陈磊.社会资本与农村家庭金融资产选择：基于金融排斥视角[M].北京：人民出版社，2019.

[2] 尹蔚民.健全覆盖城乡居民的社会保障体系[J].求是，2010（24）：29-31.

参考文献

[1] 刘玉洁，张昕雨.荆门市战略性新兴产业创新生态系统发展现状和优化建议[J].中国集体经济，2020（5）：12-13.

[2] 刘志国，王玉梅，刘蓓蓓."众创空间"青年创新创业平台发展评价研究[J].青岛科技大学学报：社会科学版，2020（1）：30-35.

[3] 陈标新，徐元俊，罗明.基于粤港澳大湾区建设背景下的科技创新人才队伍建设研究——以东莞市为例[J].科学管理研究，2020（1）：133-138.

[4] 曲福田.健全机制　搭好平台　全面推进苏南国家科技成果转移转化示范区建设[J].中国经贸导刊，2017（10）：35-37.

[5] 朱传果.区域创新系统国际化中政府角色研究[D].杭州：浙江工业大学，2019.

[6] 中国科学技术信息研究所.国家创新型城市创新能力评价报告2019[M].北京：科学技术文献出版社，2019.

[7] 中华人民共和国科学技术部.国家创新型城市创新能力监测报告2019[M].北京：科学技术文献出版社，2019.

[8] 赵昌文，等.平台经济的发展与规制研究[M].北京：中国发展出版社，2019.

[9] 国务院发展研究中心创新发展研究部.数字化转型发展与政策[M].北京：中国发展出版社，2019.

[10] 姚沅志.创新激活新动能　改革释放新活力——2019年潍坊新旧动

能转换起势记 [J]. 山东画报，2020（1）：100-109.

[11] 张传亮. 我市发布现代化高品质城市建设"深化创新开放，推进城市产业更新"课题行动方案 [N]. 潍坊日报，2020-01-04.

[12] 山东省人民政府关于印发山东省"十三五"科技创新规划的通知 [R]. 山东省人民政府公报，2017-01-20.

[13] 山东省人民政府关于印发山东省创新型省份建设实施方案的通知 [R]. 山东省人民政府公报，2017-11-30.

[14] 刘勇. 大力实施创新驱动发展战略　全面提升江西科技创新能力 [N]. 江西日报，2020-01-17.

[15] 安再祥，杨聪聪，范为民. 安徽淮北探索工业转型升级发展新路 [N]. 中国工业报，2020-01-07.

[16] 毛艳华，姚华松. 创新型城市理论研究的发展 [J]. 城市观察，2014（3）：173-185.

[17] 倪鹏飞. 全球城市竞争力报告（2007—2008）[M]. 北京：社会科学文献出版社，2008.

[18] 方创琳，马海涛，王振波，等. 中国创新型城市建设的综合评估与空间格局分异 [J]. 地理学报，2014（4）：459-473.

[19] 于安龙. 农村青年"离农化"趋势析论 [J]. 青岛农业大学学报：社会科学版，2019（2）：39-43+50.

[20] 王岩. 潍坊市现代农业发展研究 [D]. 泰安：山东农业大学，2014.

[21] 国务院办公厅关于加快转变农业发展方式的意见，http://www.yjbys.com.

[22] 宋丽莉. 改革开放以来山东省潍坊农业的发展历程及启示 [J]. 北京农业，2011（15）：247.

[23] 郭峰. 潍坊市农业转型发展问题研究 [D]. 泰安：山东农业大学，2015.

[24] 张方块.[转载] 新华社特约评论员论学习贯彻2015年中央一号文件精神，http://blog.sina.com.

[25] 农业部新闻办公室. 农业部：解读《指导意见》——加快发展农业生产性服务业，夯实现代农业基础 [J]. 农业工程技术，2017（30）：9-11.

[26] 西奥多·W. 舒尔茨. 改造传统农业 [M]. 梁小民，译. 北京：北京商务印书馆，1999.

[27] 约翰·梅尔. 农业经济发展学 [M]. 何宝玉，等译. 北京：农村读物出版社，1988.

[28] M. P. 托达罗. 第三世界的经济发展 [M]. 于同申，等译. 北京：中国人民大学出版社，1988.

[29] 速水佑次郎，弗农·拉坦. 农业发展的国际分析 [M]. 郭熙保，等译. 北京：中国社会科学出版社，2000.

[30] 刘先曙. 美国农业的发展动向——持久性农业 [J]. 世界农业，1991（5）：12-13.

[31] 白俊峰. 农业合作经济组织的发展历程及趋势 [J]. 农业经济，2010（3）：57-60.

[32] 西奥多·舒尔茨. 经济增长与农业 [M]. 北京：北京经济学院出版社，1999.

[33] 邵立民. 我国绿色农业与绿色食品战略选择及对策研究 [D]. 沈阳：沈阳农业大学，2002.

[34] 巫建海. 安徽省农产品国际竞争力研究 [D]. 合肥：安徽农业大学，2009.

[35] 翁鸣，陈劲松. 中国农业竞争力研究 [M]. 北京：中国农业出版社，2003.

[36] 梁志超. 国外绿色食品发展的历程、现状及趋势 [J]. 世界农业，2002（1）：10-12.

[37] 牛若峰. 中国农业现代化走什么道路 [J]. 中国农村经济，2001（4）：4-11.

[38] 钟甫宁. 农业经济学 [M]. 北京：中国农业出版社，2011.

[39] 郭海红. 互联网驱动农业生产性服务创新：基于价值链视角 [J]. 农村经济，2019（1）：125-131.

[40] 滕云鹏，寇礼娟. 关于辽宁省五大特色农业地区实现产业兴旺的对策建议 [J]. 农业经济，2019（1）：29-30.

[41] 春悦. 新疆社区"三社联动"试点研究 [D]. 乌鲁木齐：新疆大学，2019.

[42] 吕娜. 参与主体视角的生态循环农业模式及其保障机制研究 [D]. 北京：中国农业科学院，2019.

[43] 国家发展和改革委员会产业经济与技术经济研究所. 中国产业发展报告 2018——迈向高质量发展的产业新旧动能转换 [M]. 北京：经济科学出版社.2018.

[44] 樊纲，许永发. 新经济与旧体制 [M]. 北京：中国经济出版社.2018.

[45] 吴敬琏，厉以宁，林毅夫，等. 供给侧改革：引领"十三五"[M]. 北京：中国财政出版社，2016.

[46] 张天佐. 农业生产性服务业是振兴乡村的大产业 [J]. 农村经营管理，2018（12）：13-14.

[47] 王萌，刘涛. 农业领域国家科技奖励成果培育经验和建议——以中国农业科学院为例 [J]. 农业科技管理，2019（6）：41-44.

[48] 蔡文龙. 研究推进开发区体制机制改革创新工作 [N]. 东营日报，2020-02-15.

[49] 高培勇，杜创，刘霞辉，等. 高质量发展背景下的现代化经济体系建设：一个逻辑框架 [J]. 经济研究，2019（4）：4-17.

[50] 何立峰. 优化政府职责体系 [J]. 宏观经济管理，2019（12）：1-4.

[51] 李培峰. 新时代文化产业高质量发展：内涵、动力、效用和路径研究 [J]. 重庆社会科学，2019（12）：113-123.

[52] 郭晨. 地方债对区域经济发展质量的影响研究 [D]. 武汉：华中科技

大学，2019.

[53] 张占斌."四个坚持"推进经济高质量发展[N].经济日报，2020-01-08.

[54] 张静.资源型大省生态文明建设评价及绿色经济发展路径研究[D].北京：中国地质大学，2019.

[55] 雷平，顾新悦."一带一路"沿线国家经济发展水平的综合评价——基于聚类分析和因子分析[J].对外经贸，2020（2）：10-15+9.

[56] 吴俊.关于建设现代化经济体系的研究[J].经济研究参考，2019（12）：41-54.

[57] 郭威，杨弘业，李明浩.加快建设现代化经济体系的逻辑内涵、国际比较与路径选择[J].经济学家，2019（4）：59-70.

[58] 周文，李思思.高质量发展的政治经济学阐释[J].政治经济学评论，2019（4）：43-60.

[59] 逄锦聚，林岗，杨瑞龙，等.促进经济高质量发展笔谈[J].经济学动态，2019（7）：3-19.

[60] 张军扩，侯永志，刘培林，等.高质量发展的目标要求和战略路径[J].管理世界，2019（7）：1-7.

[61] 陈磊.社会资本与农村家庭金融资产选择：基于金融排斥视角[M].北京：人民出版社，2019.

[62] 陈品.稻作方式的扩散及影响因素研究[D].扬州：扬州大学，2013.

[63] 许斯珩.低碳稻作技术的生态经济评价及扩散研究[D].扬州：扬州大学，2015.

[64] 刘笑明，李同升.农业技术创新扩散的国际经验及国内趋势[J].经济地理，2006（6）：931-935+996.

[65] 曹兴，柴张琦.技术扩散的过程与模型：一个文献综述[J].中南大学学报：社会科学版，2013（4）：14-22.

[66] 陈媞.创新型城市的形成机理及评价指标体系研究[D].武汉：武汉

理工大学，2012.

[67] KWAK K, KIM W, PARK K. Complementary multiplatforms in the growing innovation ecosystem：Evidence from 3D printing technology[J]. Technological Forecasting & Social Change, 2017（8）.

[68] ADNER, RON. Match your innovation strategy to your innovation ecosystem[J]. Harv Bus Rev, 2006（4）.

[69] BORGH M V D, CLOODT M, ROMME A G L. Value creation by knowledge based ecosystems：evidence from a field study[J]. R & D Management, 2012（6）.

[70] 梁志康. 区域创新生态系统协同研究——以陕西省为例[D]. 西安：西安理工大学，2019.

[71] 徐冠华. 把自主创新摆在突出位置[J]. 中国科技产业，2006（3）：21-22.

[72] 曹元梅. 四川地震灾区科技工作者创业意向影响因素研究[D]. 成都：西南交通大学，2019.

[73] 李晓荣. 社会主义新农村建设中的思想政治教育研究[D]. 北京：中国矿业大学，2010.

[74] 夏淼. 当代中国乡村文明建设研究[D]. 兰州：兰州大学，2011.

[75] 白蕴芳. 农村和谐社会构建研究[D]. 咸阳：西北农林科技大学，2009.

[76] 齐敏. 浅谈新农村乡风文明的建设[J]. 新课程：教育学术，2012（1）：163.

[77] 李正光. 体验经济视角下我国乡村民宿发展中存在的问题和策略研究[J]. 河北交通教育，2018（4）：52-54.

[78] 尹蔚民. 健全覆盖城乡居民的社会保障体系[J]. 求是，2010（24）：29-31.

[79] 张丽，孙智勇，陈巧林. 郑州市 R&D 经费投入问题与对策[J]. 创新科技，2019（8）：66-71.

[80] 王迎春. 中国农民收入分配制度变革效果评估研究——基于权利配置的视角 [D]. 湘潭：湘潭大学，2015.

[81] 黄维，梁汝文，何良俊，等. 新型农业经营主体培育存在的问题及其对策 [J]. 钦州学院学报，2017（2）：96-100.

[82] 李岩，王志军，杨明升. 农业供给侧改革中"一县一品"发展策略研究 [J]. 农产品质量与安全，2017（1）：83-86.

[83] 艾永华. 我省八大举措支持农业产业化龙头企业发展 [N]. 陕西日报，2022-07-06.

[84] 刘弋瑗. 夯实产业之基 筑牢返贫防线 [N]. 中华工商时报，2020-10-20.

[85] 冷虹雨. 潍坊市人才发展环境优化对策研究 [J]. 科技经济市场，2022（9）：116-118.

[86] 瞿剑. 总书记点赞的潍坊"三个模式"有何深意 [N]. 科技日报，2021-04-20.

[87] 邵光耀. 打造"中华预制菜产业第一城"潍坊确定路线图 [J]. 走向世界，2022（22）：14-17.

[88] 郭彩玉. 实现安丘市农产品出口逆势上扬的对策探讨 [J]. 现代商业，2022（23）：12-14.

[89] 夏德娟. 安丘缘何成为世界"菜篮子"？ [J]. 走向世界，2021（31）：60-63.

[90] 李善金，吕国平，张敬林. 乡村全面振兴下"村社一体化"发展问题研究——以"潍坊模式"为例 [J]. 乡村论丛，2021（6）：122-128.

[91] 汤红蒂. 大力发展农村集体经济 助推甘孜州乡村振兴 [J]. 新西部，2022（1）：55-57.

[92] 刘磊，贺绍磊. 三产融合激活乡村振兴新动能 [N]. 潍坊日报，2020-11-09.

[93] 高英强，李楠，胡辰婧，等. 乡村振兴背景下村庄规划设计——以

天门市泉堰村为例 [J]. 美与时代：城市版，2022（4）：63-65.

[94] 韩文秀. 推动经济实现质的有效提升和量的合理增长 [J]. 企业观察家，2022（10）：52-55.

[95] 冯志峰. 中国共产党领导经济工作的制度体系 [J]. 东方论坛：青岛大学学报，2023（1）：10-23.

[96] 夏淼. 当代中国乡村文明建设研究 [D]. 兰州：兰州大学，2011.

[97] 周志霞，李庆军.RCEP 背景下潍坊对外开放新高地建设研究 [J]. 潍坊学院学报，2022（3）：1-3.

[98] 卢优兰. 根植本土文化的乡镇品牌培育战略研究——以广州从化吕田镇为例 [J]. 牡丹江大学学报，2022（6）：95-100.

[99] 赵锦春. 培育壮大江苏新型农业经营主体研究 [J]. 江南论坛，2022（2）：4-9.

[100] 王钰，佴彩霞. 饮食文化视域下乡村旅游可持续发展研究——基于对涉藏地区饮食文化的探讨 [J]. 黑龙江粮食，2022（2）：99-101.

[101] 王小广. 加快构建新发展格局 塑造我国经济新优势 [J]. 中国党政干部论坛，2020（12）：46-49.

[102] 温立新. 创新是引领发展的第一动力 [J]. 中国政协，2020（17）：30-31.

[103] 李阳. 潍坊乘势而上进军国内二线城市 [J]. 山东科技报，2021.（9）.

[104] 王浩. 农商行小微企业信用风险评估体系优化研究 [D]. 青岛：青岛科技大学，2022.

[105] 徐国玲. 潍坊市工业高质量发展的路径探析 [J]. 新西部,2020（34）：119-121.

[106] 李强. 潍坊市科技服务业发展现状与对策研究 [J]. 潍坊学院学报，2020（3）：8-10.

[107] 储节旺，李振延，吴蓉. 激活创新主体，打造安徽科技创新策源地 [J]. 安徽科技，2022（5）：10-13.

[108] 乔金亮. 推动乡村产业高质量发展 [N]. 经济日报，2023-02-17.

致　谢

本书在写作过程中得到潍坊市农业农村局、安丘市农业农村局、昌乐县农业农村局、昌邑市农业农村局、高密市农业农村局、临朐县农业农村局、峡山区农业农村局的大力支持，提供了潍坊市各地区乡村振兴的大量实践案例资料；得到潍坊市科学技术局宿廷波科长、刘相信科长、赵有志科长的大力支持，提供了潍坊市科技创新的大量资料；得到潍坊市社会科学界联合会尹在赋主任的大力支持，提供了潍坊市现代农业发展的大量资料；得到潍坊学院李慎恒教授的大力支持，提供了潍坊市现代农业文明建设的大量资料。

在此谨向以上领导、专家表示衷心的感谢！

周志霞
2023 年 6 月